〔美〕| 乔基姆·穆勒（Joachim Müller）
卡尔·P.沙旺（Karl P. Sauvant） | 编

蒋殿春 等 译
严 兵

联合国事务**年度评论**

2016~2017

Annual Review
of United Nations Affairs,

2016/2017

社会科学文献出版社
SOCIAL SCIENCES ACADEMIC PRESS (CHINA)

本书是中国特色社会主义经济建设协同创新中心资助成果。

翻译团队

译　者：蒋殿春　吉洋杉　唐浩丹　边　策　孙　绵
　　　　张贝贝　王　晨　许　奥　程　敏
校　对：蒋殿春　严　兵　张　宇
总审校：蒋殿春

致　谢

本书的编者及作者感谢南开大学蒋殿春教授及其团队出色的书稿翻译工作。参与翻译和初校工作的人员主要为南开大学国际经济研究所博士和硕士研究生，包括吉洋杉、唐浩丹、边策、孙绵、张贝贝、王晨、许奥和程敏；张宇副教授也参与了部分章节的校对；各章的二次校对由蒋殿春教授和严兵教授共同承担，由蒋殿春教授负责最终校对和定稿。我们还要特别感谢中国特色社会主义经济建设协同创新中心为中译本的出版提供资助，并对社会科学文献出版社高效专业的工作表示敬意。

【注】本卷对联合国主要机构2016~2017年度（2016年9月~2017年9月）的主要发展情况进行了评论，包括联合国大会、安全理事会、经济及社会理事会、国际法院和秘书处的主要工作。章节中提到的文件以及其他文件载于《联合国事务年度评论2016~2017》（第1~6卷）（乔基姆·穆勒和卡尔·P.沙旺编，纽约：牛津大学出版社，2018年）。

撰稿人与联合编辑

雅克·福默兰（Jacques Fomerand） 在联合国任职多年，2003年退休时担任北美联合国大学办公室主任。退休后，在洛杉矶西方学院联合国项目任教并担任副主任，还曾在纽约大学和纽约城市大学约翰·杰伊刑事司法学院任教。他的著作广泛涉及国际关系、国际组织、人权和全球人类安全等问题。

亚历山大·K. A. 格里纳瓦特（Alexander K. A. Greenawalt） 佩斯大学法学院法学副教授，教授国际法、国际刑法和美国对外关系法课程。曾在哥伦比亚大学法学院任教，并在国际法领域广泛发表文章，尤其是国际刑法方向。格里纳瓦特教授从德普法务公司（Debevoise & Plimpton LLP）离职后加入佩斯大学。此前，他曾担任美国哥伦比亚特区巡回上诉法院斯蒂芬·F. 威廉姆斯（Stephen F. Williams）阁下的助理律师。格里纳瓦特教授还曾在前南斯拉夫问题国际刑事法庭检察官办公室以及美国国务院法律顾问办公室工作。格里纳瓦特教授毕业于哥伦比亚大学法学院，在那里获得"詹姆斯·肯特学者"称号，并担任《哥伦比亚法律评论》的编委。他拥有耶鲁大学历史硕士学位和普林斯顿大学宗教学学士学位。

哈利尔·哈姆达尼（Khalil Hamdani） 巴基斯坦拉合尔经济学

院发展研究所客座教授，同时担任数个多边组织的顾问。他是日内瓦CUTS①国际研究中心董事会成员。他在联合国秘书处工作了29年，于2007年退休，时任投资、技术和企业发展司司长。在秘书处时，他曾在经济及社会理事会、联合国贸易法委员会、联合国贸易和发展会议任职。他还是联合国儿童基金会、联合国开发计划署、联合国人口基金、联合国教科文组织、联合国工业发展组织和经济合作组织的咨询专家及顾问，曾编写过多篇联合国报告。在1978年加入联合国之前，他是巴基斯坦发展经济研究所高级研究员，并在伊斯兰堡大学任教。他于1968年获得约翰·霍普金斯大学学士学位，1975年获得乔治城大学经济学博士学位。

约翰·R. 马蒂亚森（John R. Mathiason） 康奈尔大学康奈尔公共事务研究所兼职教授；1999～2012年担任雪城大学麦斯威尔公民与公共事务学院国际关系教授；1966～1997年在联合国秘书处任职，退休前担任副司长，毕生致力于提高妇女地位。从那时起，除了国际公共部门的教学管理外，他还为联合国系统的多个组织提供结果导向的管理咨询和培训。在研究中，他考察了国际公共部门在解决大规模杀伤性武器、互联网治理和气候变化管理问题方面所起的作用，发表了《无形治理：全球政治中的国际秘书处》（2007）和《互联网治理：全球机构的新前沿》（2008）两部著作。他是《国际组织研究期刊》（*Journal of International Organizations Studies*）的编辑，拥有麻省理工学院政治学博士学位。

乔基姆·穆勒（Joachim Müller） 维也纳欧洲安全与合作组织（OSCE）管理和财务总监。他在联合国系统工作了30年，历任日内瓦世界气象组织（WMO）资源管理总监、日内瓦世界知识产权组织（WIPO）负责人、纽约联合国秘书处负责人、维也纳联合国毒品和犯

---

① CUTS：国际消费者联盟与信用社会。

罪问题办公室主任。曾在纳米比亚和安哥拉担任联合国选举观察员，撰写了大量有关联合国改革和管理的著作，包括《改革联合国：大事记》（2016）、《共同努力的挑战》（2010）、《合法性和有效性的斗争》（2006）、《平静的革命》（2001）和《新倡议和过去的努力》（1997）。他拥有牛津大学纳菲尔德学院经济学和管理学博士学位。

洛林·鲁芬（Lorraine Ruffing） 拥有哥伦比亚大学贸易与发展硕士和博士学位。她曾在五个不同的联合国机构工作，其间分别在智利、乌兹别克斯坦和委内瑞拉生活。她在联合国的职业生涯开始于联合国欧洲经济委员会，在那里帮助苏联实现能源开发平衡。在被派到纽约的联合国跨国公司中心工作时，她开始从事环境会计工作，这是持续性报告的先驱。她还协助苏联加盟共和国完善会计制度，以适应向市场经济的转型。该中心解散后，她加入了联合国开发计划署在乌兹别克斯坦塔什干开设的办事处，担任驻地副代表。在驻日内瓦期间，她主持了贸发会议在小企业发展方面的工作。自退休以来，她一直在协助经合组织（巴黎）出版关于小企业融资的刊物。2015 年，她与哈利尔·哈姆达尼一起出版了一本关于联合国尝试为跨国公司制定行为准则的著作，该书对当前联合国为跨国公司制定具有约束力的人权条约提供了有益的参照。她目前是一个基层环保组织的联合主任，致力于维护位于纽约州阿迪朗达克山脉的乔治湖原始水域。

卡尔·P. 沙旺（Karl P. Sauvant） 哥伦比亚大学可持续投资中心（CCSI）常驻高级研究员、哥伦比亚大学法学院和地球研究所联合中心高级研究员、哥伦比亚大学法学院讲师、中国南开大学客座教授。他是哥伦比亚 Vale 可持续国际投资中心（CCSI 前身）的创始执行主任，也是联合国贸易和发展会议投资部门的主管，是大量出版物的作者或负责人。他是国际商务学会（AIB）会员、欧洲国际商务学会（EIBA）荣誉会员。1975 年获得宾夕法尼亚大学博士学位。

目录
CONTENTS

前言：动荡时期的联合国 ………………………………… 001

第一章　联合国大会：是时候组织起来了 ………………… 001

第二章　安全理事会：是否胜任使命？ …………………… 035

第三章　经济及社会理事会：可持续发展目标的中心平台 …… 070

第四章　国际法院和国际刑事法院：司法守门人 ………… 116

第五章　秘书处：与时俱进 ………………………………… 151

前言：动荡时期的联合国

乔基姆·穆勒　卡尔·P. 沙旺

《联合国事务年度评论》（ARUNA）在论述联合国工作的各类出版物中占有特殊的地位——它向广大读者提供针对重点发展问题的深入评论，这些评论由一批杰出的专家撰写，并以联合国官方文件为支撑。这一系列评论是针对联合国的主要机关而作：包括联合国大会（联大）、安全理事会（安理会）、经济及社会理事会（经社理事会）、国际法院和联合国秘书处。2016～2017 年的联合国事务年度评论所涉及的时间区间与联合国大会第 71 届会议的召开时期一致，即为 2016 年 9 月 13 日～2017 年 9 月 11 日。作为最早问世的论述联合国事务的出版物之一，《联合国事务年度评论》为政策制定者、学术研究人员以及所有对该组织感兴趣的人提供了重要参考资料。

联合国秉承其广泛全面的权责，致力于实现和平与安全、发展、推进社会事务和人权。该组织已发展成为一个复杂的全球机构，具有完善的治理结构，涉及几乎所有国家，拥有 193 个成员国。该组织的大部分工作可被视为联合国的日常事务，包括协商和拟订条约义务、维持维和任务、执行发展项目，以及为难民提供生活援助。

定义主题：动荡时期的联合国

新任秘书长安东尼奥·古特雷斯（António Guterres）于 2017 年 1 月 1 日就职。作为前葡萄牙总理以及联合国难民事务高级专员，古特雷斯于 2016 年 10 月 14 日当选，开启了他的五年任期，这一选举结果在当时广受赞誉。作为谈判者和联盟建设者，他为人的正直和卓越的能力受到赞赏。在不久的将来，一旦遇到来自当初任命他的那些成员国的挑战，他将不得不表现出其作为领导者的铁腕。

古特雷斯在动荡时期成为联合国的掌舵人。此时冲突和人道主义危机激增，包括在尼日利亚、索马里、南苏丹和也门由冲突引发的饥荒，在阿富汗和叙利亚发生的战争，"伊斯兰国"（ISIS）在伊拉克和黎凡特（ISIL）施行的暴力行动，全球恐怖主义袭击，以及朝鲜日益增长的核威胁。

作为他的首批政治倡议之一，古特雷斯投入了相当多的时间希望重启本已搁浅的关于塞浦路斯政治统一的和平谈判，该地区目前依然处于希腊和土耳其控制下的分裂之中。他为缓解尼日利亚、索马里、南苏丹和也门的饥荒募集财政支援，并致力于叙利亚的和平谈判。此外，他还采取了一些斡旋手段来遏制委内瑞拉和南苏丹的危机，但并非一切都很顺利，关于统一塞浦路斯的谈判于 2017 年 7 月宣告失败。

美国在确保新任秘书长的权威性上，具有举足轻重的作用。古特雷斯在当选时得到了奥巴马总统的支持；而他的秘书长任期正式开始时，恰逢唐纳德·特朗普（Donald Trump）宣誓就任美国总统。特朗普在总统竞选期间就曾直言不讳地批评过联合国。

这表明美国与联合国进入了一种更为复杂的政治动态。特朗普政府正快速地从联合国事务中撤资，削减了美国对联合国人口基金会（UNFPA）的捐赠，并声称将只承担维和行动预算的 25%，同比缩减

3 个百分点。美国新任驻联合国大使妮基·海莉（Nikki Haley）也着力于缩减联合国维和特派团以及其他特派团的规模。

2017 年 6 月初，特朗普宣布美国将全面退出 2015 年签订的《巴黎气候变化协定》（即《巴黎协定》）；10 月，特朗普政府以对以色列的偏见为由，宣布退出联合国教科文组织。该届美国政府对人权理事会的批评以及对缺乏效率的呼声也延续了往届政府的观点。海莉表示，美国将会把那些在政治上不支持美国的国家记在"小本子"上。

归根结底，现任秘书长以及美国与联合国之间的关系局面是如何出现的呢？古特雷斯试图通过迁就美国的组织变革需求来留住美国的支持。2017 年 3 月，他快速做出反应，提议关闭已成立 13 年的联合国海地稳定特派团（MINUSTAH）。在首次裁减掉预算约 5 亿美元的维和行动后，联合国又对派往利比里亚、南苏丹以及达尔富尔的特派团展开了审查，维和行动预算预计将在此后进一步缩减。由于预感到经费将进一步减少，古特雷斯要求联合国所有项目经理为可能发生的削减做好准备，尤其是发展项目方面。这一点与预期中美国自己的发展部门——美国国际开发署（USAID）的缩减是一致的。

就联合国的组织变革方面来讲，古特雷斯并没有在一上任就制订完备的改革计划。他一再质疑联合国本身是否与其目标相称，并且对其官僚主义作风不厌其烦。直到 2017 年年中，古特雷斯才开始推行他的主要改革构想，这一构想在前任秘书长潘基文在任时就开始形成。

在联合国发展系统方面，古特雷斯提出了通过重新定位来实现大会决议的《2030 年可持续发展议程》的愿景。该报告提供了改善联合国发展系统各实体问责制、提升总体协调度以及完善成员国对其监督的一般方式。古特雷斯提议将联合国发展工作的主要控制权，从总部转移到直接向他报告的联合国区域委员会。这一改革的核心是他所提出的建立新一代联合国国家工作队的建议，这些国家工作队将更具凝聚力和灵活性。

在和平与安全结构方面，秘书长设立了一个内部审查小组，研究最近几份报告中所载的现有改革建议。古特雷斯强调，必须着重应对当前冲突性质不断变化的问题，这些冲突主要发生在国家内部，经常与恐怖主义有所关联。他似乎在考虑将联合国转向成本更低的冲突管理模式，更多地关注小规模的预防性外交和调解，而不是像在刚果民主共和国和南苏丹一样委派大型维和任务。这一建议已于2017年6月提交成员国进行磋商。

古特雷斯的改革提议包括承诺进行全面纠正官僚作风的改革——这是美国向每一位新任秘书长都例行提出过的要求。在改革构想通过初步审查之后，具体的行动建议于2017年12月向成员国申请批准。总体来说，改革进程的推进被认为过于缓慢，转变的机会正在减少。事实上，最近的事件表明，大多数重大改革是在新任秘书长任期的头6～9个月内批准的。

美国于2017年9月18日前所未有地发起了针对联合国改革的高级别活动。共有128个国家应邀参加了这次活动，同意签署一项由美国发起的十项政治宣言，支持秘书长通过简化程序和分散决策，以更高的透明度、效率和问责制来发起有效的改革。该活动由美国和一些受邀参加宣言起草的国家共同主办。

特朗普以一种更为温和的态度针对这次活动发表了讲话，指出联合国具有巨大的潜力。他表示支持古特雷斯的改革议程，并希望古特雷斯大胆改革，解决官僚主义和管理不善的问题，强化对举报人的保护，加强对结果而非过程的重视。古特雷斯赞同特朗普关于减少浪费从而使联合国"充分发挥其潜力"的愿景，他指出，联合国和美国的共同目标是"在推进共同价值观的同时实现物有所值"。事实上，古特雷斯表示，联合国的官僚主义让他夜不能寐，尤其是碎片化的结构、错综复杂的程序以及没完没了的繁文缛节。

最后，特朗普鼓励秘书长充分利用他的权力来杜绝官僚主义，改革过时的制度，并做出坚定的决策，推进联合国的核心使命。这一声明让一些成员国感到震惊，它们认为美国事实上是议程的主导者。但是实际上，中国和俄罗斯没有签署声明。俄罗斯表示，国际机构的变革应由成员国之间谈判决定，而不是仅由美国单方起草的声明强加。过去，改革提案的推进受到有组织的国家集团的监督。由于一些成员国十分在意协商和透明度的缺失，该议案可能不会得到多数国家的全力支持。

2017 年 9 月 19 日，在联合国改革问题高级别活动之后的第二天，特朗普首次在第 72 届联合国大会开幕式上发表了演讲。特朗普阐述了他的"美国优先"原则，并赞同了改革中的一些立场：保护美国主权；通过削减维和行动减少对联合国的捐款；大胆改革以减少联合国的官僚主义。他强调，美国不能再被占便宜或陷入不公平的交易。特朗普提醒要警惕一小部分"流氓政权"的威胁。这场演讲毁誉参半，它被看作退出合作的声明。瑞典外长玛戈·沃斯特隆（Margot Wallstrom）说：这是在错误的时间对错误的听众做的一场错误的演讲。

古特雷斯并不是第一位受到美国政府沉重打击的秘书长。正如他在任联合国难民事务高级专员时所表现出来的那样，他不会直接对各国政府的行动进行挑战。事实上，他也没有针对美国发表措辞强烈的声明，古特雷斯甚至已经成功与美国大使海莉建立了良好的关系。有些人认为他在联合国与美国关系的问题上"打对了算盘"，但另一些人则认为他应该更强有力地表达看法，并且站出来反对美国。实际上，在联合国里最敢于直言不讳地批评特朗普的人，是人权事务高级专员扎伊德·拉德·侯赛因（Zeid Ra'ad Al Hussein），他称特朗普"从国际角度来看十分危险"。

由于美国可能会倒退回孤立主义的民族主义，并且远离多边体制和集体行动，因此联合国需要其他国家介入以填补美国缩减开支所造成的空白。这是对联合国组织的重大挑战，同时也是一次机会，让联合国能更加准确地理解今后不断变化的国际时局。

欧洲的新时局昭然若揭——各国纷纷支持北约，并对特朗普施压，以期改变其摧毁跨大西洋联盟的主张。法国在拥护维和行动以及支撑联合国维和经费方面发挥了领导作用。比利时号召其他国家一同做出了承诺——填补美国对人口基金会（UNFPA）的捐款缩减所造成的缺口。中国是多边贸易的拥护者，这表明中国有信心在世界舞台上发挥更大的作用。最鼓舞人心的是，各国纷纷反对特朗普对气候条约的立场并做出反应，明确承诺将继续遵循《巴黎协定》的章程。

章　评

每章所载文件附带的评注概述了联合国组织在 2016～2017 年度的工作情况，突出了重要问题，并介绍了每章所附文件。

第一章涵盖了第 71 届联合国大会的情况。由约翰·R. 马蒂亚森撰写评论文章《联合国大会：是时候组织起来了》。该文件包括大会所有决议、就职演说、第 71 届大会主席的闭幕词以及年度会议议程。马蒂亚森指出，当前全球政治环境对国际秩序构成了新的威胁，但第 71 届大会在其中有点像"新瓶装旧酒"。正如《联合国与全球经济治理决议》中所反映的那样，在新秘书长的提议和成员国的推动下，联合国体制改革已经向前迈出了一大步。同样，对始于 1947 年的维和行动的改革也取得了相应的进展。马蒂亚森还指出，大会针对联合国系统发展业务展开的四年期全面政策审查可能是去年（2016）最重要的活动之一，它们为国际公共部门工作方式的重大改革奠定了基础，特别是在国家层面上，部门将为成员国提供直接服务，而不是仅仅通过项目来完成。

第二章内容涉及安全理事会的工作情况。由雅克·福默兰撰写评论文章《安全理事会：是否胜任使命？》，其中包含了安理会的报告，详细说明了所讨论的各种问题、所审议的文件以及安理会在审查年度内做出的决策。之后也有安理会决议和主席声明。福默兰认为安理会能否有效地采取行动取决于多种条件。首先，诸大国就威胁的属性达成共识是最为重要和必不可少的；其次，介入时机必须"成熟"，即冲突各方必须陷入相互伤害的僵持状态，并且做好了遵守停火协议的准备；再次，邻国必须避免成为搅局者；最后，安理会必须至少有一名成员愿意充当调解人。正如福默兰所指出的，满足所有的这些条件很难，但是，不采取行动并不意味着安理会不能以综合的方式思考。事实上，有许多迹象表明其治理范式正在发生变化，开始转向扩大政治空间以防患于未然，解决冲突发生的根源。福默兰坚信安理会越来越全面地看待威胁。在这个意义上，安理会的行动既包括渐进式纠偏和决定性的干预，同时也包括无为而治。但是，抱负和行动之间的鸿沟仍然是显而易见的。最后的分析表明，大国霸权的现实既有可能推动安理会机制的运作，也有可能会对其造成阻碍。低估安理会在认知上的观念转变以及其对和平与安全威胁的反应可能导致误判，从而认为它无法"胜任"应对 21 世纪的威胁的使命。

第三章首先讨论了经济及社会理事会的工作。由洛林·鲁芬撰写评论文章《经济及社会理事会：可持续发展目标的中心平台》。该文件包含了经社理事会的报告，分为三个部分。其次是经社理事会的全部决议。鲁芬描述了经社理事会为实现可持续发展目标（SDGs）所做的工作。各联合国实体正采用新的工作方式，使其工作方案与可持续发展目标保持一致，并协助成员国完成了 65 个自愿国家审查（VNRs）。联合国各实体之间的新合作精神，正在最大限度地发挥联合国发展系统的集体协作优势。经社理事会已设计出了供高级别政治论坛使用的会议，并展示了一个追踪全球整体和各国实现可持续发展目标进展情况的数据监测系统。对经社理事会来说，过去一年是充满活力且富有成效的一年，可以说经社理事会在支持可持续发展目标方面取得了很大进展。尽管如此，鲁芬认为，目前仍存在一股强大浪潮，与为实现可持续发展目标所做出的努力背道而驰。增长放缓、外国直接投资减少、保护主义抬头、旷日持久的冲突、气候变化导致的自然灾害以及非法资金流动正在吞噬实现可持续发展目标所需的资源。鲁芬认为，显而易见的是，整个联合国系统和成员国将不得不加倍努力，以应对不利的趋势。

第四章介绍了国际法院（ICJ）和国际刑事法院（ICC）的工作。由亚历山大·K. A. 格里纳瓦特撰写评论文章《国际法院和国际刑事法院：司法守门人》。该文件载有国际法院和国际刑事法院的年度报告，并详细介绍了国际法院的管辖权、组成以及所开展的工作。格里纳瓦特指出，在过去一年中，国际法庭作为其自身判决权的守门人，发挥了显著的作用。可能有人会认为，法官通常会倾向于过分扩张司法管辖权，同时也存在风险，特别是当法院的权威本身就建立在各国的准许之上时。如果国际法院或国际刑事法院这类司法机构被认为"手伸得太长"，那么其结果很可能是被边缘化，而非得到强化。最后，由于两个极端——无论是武断还是被动——都可能使法院成为政治角色，而不是法律角色，这将削弱其在感知上的合法性，因此这些司法机构在这一问题上如履薄冰。核心问题是，当司法管辖权的有效性与其本身就建立在各国的应允与合作之上时，国际刑事法院作为对国家行为提起刑事指控的机构，还能否有效地发挥其作用。由于目前国际刑事法院检察官办公室的审查可能会（虽然难以确定）对英国、以色列、俄罗斯和美国的军队提出指控，这个问题将受到更大的关注。

第五章介绍秘书处的工作。由哈利尔·哈姆达尼撰写评论文章《秘书处：与时俱进》。该文件载有秘书长提交给第 71 届联合国大会的年度报告以及联合国各基金和方案的若干年度报告。哈姆达尼强调，联合国在 2016～2017 年度面临的威胁，被由新任秘书长古特雷斯背书的改革议程化解掉了。作为他的首要管理事项之一，秘书长开始着手任命女性担任高级职务，希望以此消除维和部队中的性侵犯现象。在上任的第一天，古特雷斯发布指示，下令精简官僚机构并加强内部的问责制。这一行为出乎意料地得到了美国新政府的支持。哈姆达尼指出，虽然这一支持可能并不会长久，但却是一个良好的开端。古特雷斯指出，让联合国更为脚踏实地是一个既定的目标，为实现这一目标，需要对原本旨在支持全球政府间决策的秘书处进行重大改革。前任秘书长潘基文曾提出"变革管理"和人员流动性，鼓励各实体"一体行动"和应用现代技术，但这些努力都不太成功。然而，古特雷斯看起来会继续坚持这一改革方向，虽然风格不同，但目标相似。为适应维和以及人道主义与发展任务所面临的新现状，联合国需要更加一体化的组织形式，以及一个总部、外勤和伙伴之间更加协同的工作方式。哈姆达尼总结道，推行一种新的工作方式总是困难的，但要与时俱进，这又是必要的。

我们相信，本书将对所有对联合国工作感兴趣的人有所裨益。

乔基姆·穆勒，卡尔·P. 沙旺

于维也纳和纽约

2017 年 11 月

第一章　联合国大会：是时候组织起来了

约翰·R. 马蒂亚森

一　引言

第 71 届联合国大会于 2016 年 9 月 13 日开幕，2017 年 9 月 11 日闭幕。即将卸任的大会主席彼得·汤姆森（Peter Thomson）在他的最后发言中说：

> 如各位成员所知，第 71 届大会的主要工作是为了推进 17 个可持续发展目标（SDGs）的实施。
> ……
> 在周五与成员国和小组成员的互动讨论中，我们讨论了第 71 届大会期间签署的五个可持续发展目标推动成果，这五个可持续发展目标分别为可持续和平、气候变化、可持续发展目标融资、创新与互联互通，以及教育问题。那时我也提到联合国大会在本届会议期间完成的许多任务，包括召开以抵制使用抗生素、新城市议程、水资源治理目标以及世界野生动物日为主题的联大会议，还包括有关每四年进行一次联合国运行及发展的政策评估、

全球指标框架、最不发达国家的技术银行和南南合作等议题的决议。

海洋会议堪称第 71 届联大上"王冠上的宝石"，吸引了最优秀的国际海洋专家和广大利益相关方出席，并成功地对可持续发展目标 14 达成全球性共识。会议编制了一份行动文件，随后作为第 71/312 号决议获得通过，呼吁采取紧急行动，来扭转海洋因人类活动泛滥而陷入衰退的局面。这次会议动员了一个新的团体来推进可持续发展目标 14 的实施，并收到了大约 1400 份自愿承诺，开始努力将人类与海洋的关系恢复到可持续的、受尊重的和平衡的状态。①

与之前通常有序的情况不同，本届联大似乎缺乏条理性。这主要受两个因素的影响。第一个因素是新任联合国秘书长古特雷斯于 2017 年 1 月 1 日在会议中间就职；第二个因素是美国作为缴纳联合国会费最多的国家，于 2016 年 11 月 8 日选出了新任总统特朗普，后者对国际组织，特别是联合国的态度总体上与他的前任大相径庭。

虽然未予强调，但本届联大诸多讨论的一个主要特点，自始至终都是为新秘书长的改革提案做准备。新秘书长在会议即将结束时发表了一份报告，题为"重新定位联合国发展系统以实现'2030 年议程'：确保所有人都有一个更美好的未来"②，将在第 72 届会议上正式讨论。

总体来说，这届大会关心的是如何使联大更具组织性。

---

① 参见 *ARUNA 2016/2017* 第 1.B.2 章，联合国大会主席彼得·汤姆森先生在第 71 届联大闭幕式上的发言，A/RES/71/PV.98，2017 年 9 月 11 日，第 2～5 页。

② 联合国大会/经社理事会文件，"Repositioning the United Nations Development System to Deliver on the 2030 Agenda：Ensuring a Better Future for All"，秘书长报告，A/72/124 - E/2018/3，2017 年 7 月 11 日。

二　概述

联大主席向来从五个区域集团中轮流选拔，本届轮到亚洲和太平洋地区，由来自斐济的彼得·汤姆森出任。正如他在就职感言中所说，他是第一个来自太平洋岛国的联大主席。自 2010 年以来，他一直是斐济常驻联合国代表，并于 2013 年主持 77 国集团和中国事务。他对气候变化特别感兴趣，尤其是海洋气候变化。本届大会一个较大的活动是在 2017 年 6 月举行的"支持执行可持续发展目标 14 联合国会议"，敦促节省和建设性地利用海洋资源促进可持续发展，被汤姆森认为是他任期内最重要的成果。

在形式上，本届联大遵循了之前 71 年的固有模式。一开始是极度公开的事项，称为一般性辩论。这些活动由国家元首和政府首脑参与，吸引主流媒体的关注，并为工作提供背景。随后，在大会的六个委员会中安排具体工作，偶尔会因全体会议的特别活动而中断。

委员会的大部分工作是就决议草案进行非正式谈判。有些委员会工作很快，因为他们的问题相对较少，而另一些委员会的工作则比较缓慢。2016 年 12 月，所有委员会都向全体会议提交报告，其中绝大多数决议都获得通过；在圣诞节前通过第五委员会关于项目预算的初步决议后休会。然后，大会在 2017 年冬季和春季恢复工作，主要是第五委员会的后续工作，但也包括关于"禁止核武器公约"和海洋主题的全体会议，以及关于新城市议程的会议。它还曾计划举办一个关于"和平文化"的高级别论坛，定于 2017 年 9 月 7 日举行，但联合国新闻部或《联合国日报》（*UN Daily Journal*）都没有对此进行报道。大会主席仅发表声明说："我们强调了建设和平文化的重要性，以实现一个可持续和平与可持续发展的世界，这是我们执行《2030 年可持续发展议程》努力的重要组成部分。"①

本届联大于 2017 年 9 月 11 日闭幕，并通过了五项决议，构成了一个特别的议题组合：到 2030 年加快步伐控制和消除发展中国家，尤其是非洲国家的疟疾问题；打击非法贩运野生动物；联合国在全球经济治理方面的作用（已投票表决）、保护语言的多样化，以及联合国与加勒比共同体之间的合作。

数十年以来，每届联大都会通过许多决议。第 71 届联大共通过了 330 项决议，如表 1-1 所示。其中 274 项在常规会议上获得通过，其余 53 项（其中一半来自第五委员会）在续会上获得通过。虽然这个数字高于第 70 届大会，也比第 66~69 届大会的平均数大，但这并不表示有任何变化，因为第 69 届大会的决议数目也达 335 项。在续会中通过决议的比例也与以前的大会类似。

分析联大决议要考虑一个重要因素：当决议获得通过时，如果未经表决（即以协商一致方式）获得通过，则他们对成员国具有道义上的约束力。经表决通过的决议对那些投了反对票的国家不具有约束力，对投弃权票的国家也存在变通。从表中可以看出，大约 1/4 的决议是以投票形式通过的，这一比例与前几届大会一致。这反映了一个事实，即前几届大会的大多数决议都延续到了第 71 届大会。投票决议的主题也与之前保持一致，通常来自第一、第三和第四委员会，它们的议程会涉及裁军、人权或巴勒斯坦等政治问题。

大会的大部分工作是在表 1-1 所示的六个正式委员会中进行的，并允许代表们邀请专家来处理复杂的技术问题。尽管在大多数情况下，联大决议都是在委员会官员推动的非正式谈判中达成的，但每一个委员会的决策机制仍然有自己的传统。处理国际法问题的第六委员

---

① 联合国大会第 71 届会议主席彼得·汤姆森 2017 年 9 月 7 日在 "和平文化" 高级别论坛上的闭幕词，http://www.un.org/pga/71/2017/09/07/clos-ing-of-high-level-forum-on-culture-of-peace/。

表 1 - 1 联大投票决议的数量和百分比（按届次和委员会提案划分）

项目	第 66~69 届大会平均值		第 70 届大会		第 71 届大会	
	投票决议数量	占比（%）	投票决议数量	占比（%）	投票决议数量	占比（%）
全体会议	67.75	20	60	17	77	18.2
第一委员会（裁军、国际安全）	51.5	45	55	49	64	51.6
第二委员会（财经）	39.5	14	43	9	36	13.9
第三委员会（社会、人道主义、文化事务）	64.25	24	61	30	50	30.0
第四委员会（特别政治和非殖民化）	25	56	29	45	36	38.9
第五委员会（行政和预算）	49	3	47	2	42	2.4
第六委员会（法律）	19	0	12	0	25	0
总计	316.25	23	307	23	330	24.8

资料来源：作者根据联合国大会网站第 66~71 届大会决议资料整理。

会比较极端，它倾向于所有决议都以协商一致的方式通过，这与第五委员会的做法一致。第五委员会的方式最早可以追溯到 1986 年，当时美国因政治问题而拒付其分摊的会费，解决办法是确保以协商一致的方式通过预算决议，向美国施压。相反，第四委员会因涉及有争议的政治项目，其半数以上的决议都是投票通过的。这意味着除了提案国的宣传目的外，这些决议基本上毫无意义。

本届联大没有像上一届那样遇到诸如《巴黎协定》这样的重大问题，但由于美国政府的权力更迭开启了一个对抗时代，有一些议题反映了越来越具争议性的全球体系的形成。其中之一是制定一项新的禁止核武器的国际公约。事实上，这一动议在 2017 年 7 月 7 日根据第一委员会的一项决议获得通过。[1] 该决议决定在 2017 年召开一次联合国

---

[1] 参见 *ARUNA 2016/2017* 第 1. C 章，联合国大会决议，"Taking forward Multilateral Nuclear Disarmament Negotiations"，A/RES/71/258，2016 年 12 月 23 日。

会议，通过谈判达成一项禁止核武器的具有法律约束力的文件，最终实现彻底消除核武器。

本届联大的高级别活动（见表1-2）揭示了问题演变的方式。

表1-2　高级别活动

日期	会议名称
2016 年 9 月 19 日	难民和移民峰会
2016 年 9 月 21 日	抗生素耐药性问题高级别会议
2016 年 9 月 22 日	纪念《发展权利宣言》三十周年的高级别会议
2016 年 9 月 26 日	纪念和推动全面消除核武器国际日的高级别全体会议
2016 年 10 月 17～20 日	第三届人居会议
2017 年 2 月 27 日～3 月 31 日 6 月 15 日～7 月 7 日	联合国大会谈判达成一项对禁止核武器具有法律约束力的文书会议，以实现彻底消除核武器
2017 年 6 月 5～9 日	联合国支持执行可持续发展目标 14：以养护和可持续利用海洋、海洋和海洋资源为主题的海洋可持续发展会议
2017 年 9 月 5～6 日	新城市议程的高级别会议
2017 年 9 月 7 日	和平文化高级别论坛

资料来源：作者根据联合国大会资料整理。

与第 70 届大会不同，第 71 届大会没有"高级别专题辩论"；与第 70 届的 12 次高级别辩论相比，第 71 届会议只有 8 次。如上所述，其中两项涉及核武器，两项涉及城市化。

城市化问题很好地诠释了联合国大会进程。涉及城市化问题的第三届人居会议列入了联大正式议程，却是一次非常松散的会议。它在许多方面说明了联大会议的复杂性。前两届人居会议分别于 1996 年和 2006 年举行，第三届人居会议于 2016 年 10 月在厄瓜多尔首都基多举行，会议的成果是通过了《新城市议程》，而联大在其第二委员会的一项决议[①]中

① 参见 ARUNA 2016/2017 第 1.C 章，以了解大会关于"Implementation of the Outcome of the United Nations Conference on Housing and Sustainable Urban Development（Habitat Ⅲ）and Strengthening of the United Nations Human Settlements Programme（UN Habitat）"的决议，A/RES/71/235，2016 年 12 月 21 日。

对此表示欢迎。然而，根据《新城市议程》第 172 条的规定，该议程生效前必须在全体会议上通过另一项决议。[①] 该条款指出：

> 　　根据《新城市议程》，为了提高联合国人居署的成效，我们提请秘书长在第 71 届联合国大会期间向大会提交一份针对联合国人居署的独立评估报告，并提出加强人居署成效、效率、问责制和监督的建议。为此，该报告应研究以下内容：
>
> 　　（a）人居署的操作规范和任务；
>
> 　　（b）与更有效、更负责和更透明的决策机制相适应的人居署治理结构，包括吸纳所有成员国为理事会成员的备选方案；
>
> 　　（c）人居署与国家、地区和地方政府以及利益攸关方的合作，充分发挥伙伴关系的潜力；
>
> 　　（d）人居署的财政能力。

　　这需要在第 71 届大会上举行一次高级别会议，并讨论经费问题。每当一项决议涉及经费问题时，必须提交第五委员会，并在做出决定之前要求行政和预算咨询委员会（ACABQ）提出建议。所涉经费问题包括为高级别会议预留开支，以及雇用人员（工作人员和顾问）来编写关于联合国人居署（秘书处负责城市化的单元）改革的提案。2016年 12 月 23 日，第五委员会以协商一致的方式通过了这项提议[②]，对秘书长提议的金额略做削减，批准了相关经费预算，但是对表决做了两项解释性声明。首先，泰国代表（代表 77 国集团和中国）特别指出[③]：

---

① 参见 *ARUNA 2016/2017* 第 1.C 章，联合国大会决议，《新城市议程》，A/RES/71/256，2016 年 12 月 23 日。

② 参见 *ARUNA 2016/2017* 第 1.C 章，联合国大会决议，《新城市议程》，A/RES/71/256，2016 年 12 月 23 日。

③ 联合国大会第 71 届会议，第 68 次全体会议，A/71/PV.68，2016 年 12 月 23 日，第 12 页。

最后，77 国集团和中国重申坚定不移地致力于执行、贯彻和审查《新城市议程》。我们期待着独立评估报告的建议和第 71 届大会期间为期两天的高级别会议，届时再行讨论有关有效执行《新城市议程》和人居署定位的问题。

然后，美国或许考虑到其即将上任政府的立场，就该决议发表了长篇声明，给基多达成的协议蒙上了阴影：

> 最后，《新城市议程》（以下简称《议程》）不具有法律约束力，也不影响适用的国际法和国内法所规定的现有义务，对已经商定的承诺和其他手段更是如此；同时，它也不改变常规和习惯国际法的现状。美国将按照本国的法律和政策以及我们在联邦层面的有限权力，在《议程》中履行承诺，包括希望改变环境的承诺。我们将按照我们的拨款程序，并以我们的拨款程序为条件，履行《议程》规定的义务。①

批准的预算包括支持一个高级别独立小组，以评估和改善人居署的工作成效。该小组于 2017 年 8 月 1 日发布了一份报告②，为 2017 年 9 月 5~6 日为期两天的高级别会议提供了基础。由新任秘书长任命的副秘书长在会议开幕时指出：

> 这一成果为联大处理财经问题的主要机构（第二委员会）［原文如此］的工作打下了基础，该委员会将在今年（2017）秋

---

① 联合国大会第 71 届会议，第 68 次全体会议，A/71/PV. 68，2016 年 12 月 23 日，第 13 页。
② 联合国大会文件，"Report of the High-level Independent Panel to Assess and Enhance the Effectiveness of UN-Habitat"，秘书长的说明，A/71/1006，2017 年 8 月 2 日。

季即将举行的实质性会议上考虑根据这些建议采取行动。①

会议没有做出正式决定，因为所产生的材料包括四个互动小组及他们的报告，都有待于在第 72 届大会上审议。

（一）全体会议

全体会议仍然是联大涌现创新的场所，至少部分原因是在全体会议上讨论的问题涉及各主要委员会的专业领域。它也是大会最公开的部分，从一般性辩论开始，参会代表主要是各国元首、政府首脑或外交部部长。然而，今年的全体会议从难民和移民问题峰会开始。这反映了当前影响许多地区的重大问题——地区冲突、气候变化和经济问题综合导致难民和移民人数大量增加。这场辩论通过了本届联大第一项决议②，即《纽约难民和移民宣言》。该宣言极为详尽，有 95 条和两个附件，具体阐述各国同意如何处理这些问题。具体实施则将等到第 72 届会议。

一般性辩论在 2016 年 9 月 20～26 日举行，主题是"可持续发展目标：共同推动改造我们的世界"。由于本届大会主席彼得·汤姆森因故未能出席，他的总结性发言由尼泊尔常驻代表代为宣读。这份发言表示，这次辩论讨论了一些关键问题，如可持续发展目标、气候变化、城市化、难民和移民、维和问题、妇女权利、裁军和人权。他在结尾时做了一份不同寻常的声明：

> 与此同时，我担心一般性辩论期间的礼仪标准有所下滑。大

---

① 联合国新闻中心，《新城市议程》，"联合国人居署的改革在大会高层会谈中受到关注"，见 2017 年 9 月 5 日，http://www.un.org/apps/news/story.asp? NewsID = 57463#. WcOvi0yFRHf。

② 参见 *ARUNA 2016/2017* 第 1. C 章，联合国大会决议，"New York Declaration for Refugees and Migrants"，A/RES/71/1，2016 年 9 月 19 日。

厅及周遭喧闹嘈杂，分配的发言时间常常被忽略，辩论会后期出席率降低。此外，辩论中时常跑题。

因此，我将责成振兴联合国大会工作特设工作组在第71届会议期间考虑这些问题。①

事实上，自2008年以来，每届联大都会正式成立一个特设工作组。特设工作组的报告于2017年9月审议，并成为本届大会通过的最后几项决议之一。② 该决议非常详细，有84个执行条款，并就如何改进联大的工作向秘书长和即将上任的大会主席提出指示。

全体会议共通过了77项决议，其中18%是决议通过的。这些投票主要涉及巴勒斯坦和叙利亚以及格鲁吉亚境内的流离失所者，还有一项是关于"必须终止美利坚合众国对古巴的经济、商业和金融封锁"。③ 然而，有两项投票内容不同寻常。

第一项是2016年12月23日通过的《海洋法公约》。④ 如前所述，海洋问题是大会主席关心的问题，并与更广泛的气候变化问题密切相关。多年来，每年都有关于这个问题的决议，但庆幸由于可持续发展目标的存在，这个问题的重要性增加了。通过的决议有执行部分355段。虽然进行了密集谈判，但通过时有158票赞成、2票反对（土耳其和委内瑞拉）、2票弃权（哥伦比亚和萨尔瓦多），因为这些国家不是执行段落中提到的《海洋法公约》的缔约国。这个问题与2017年6

---

① 联合国大会第71届会议主席彼得·汤姆森所致闭幕词，http://www.un.org/pga/71/2016/09/26/pgas-closing-statement-for-un-general-debate/，2016年9月26日。

② 参见 *ARUNA 2016/2017* 第1.C章，联合国大会决议，"Revitalization of the Work of the General Assembly"，A/RES/71/323，2017年9月8日。

③ 参见 *ARUNA 2016/2017* 第1.C章，联合国大会决议，"Necessity of Ending the Economic, Commercial and Financial Embargo Imposed by the United States of America against Cuba"，A/RES/71/5，2016年10月26日。

④ 参见 *ARUNA 2016/2017* 第1.C章，联合国大会决议，"Oceans and the Law of the Sea"，A/RES/71/257，2016年12月23日。

月的联合国支持执行可持续发展目标 14：保护和持续利用海洋和海洋资源以实现可持续发展有关。这导致在第 72 届大会期间就这一问题进行了一项新的决议谈判。

第二项决议①几乎是最后通过的决议。其标题是"全球经济治理中的联合国"。这是 77 国集团和中国于 2017 年 9 月 11 日提交的一项决议，以 86 票赞成、2 票反对、46 票弃权的表决结果通过。该决议的问题是，它包括了大量其他论坛没有议定的案文，为此欧盟弃权、美国和以色列反对。美国的反对反映了其新政策，正如会议简报所指出的：

> 美国代表称这项决议是重复的，不是对联合国资源的有效利用，而其他国家代表也有同样的担心。美国无法接受文件中的措辞，特别是侧重于世界贸易组织（WTO）的部分。美国代表表示无法接受联合国文件对世贸组织的独立工作及内部事务发表意见，也无法接受联合国加强在全球经济治理机构中作用的尝试，因为联合国没有评价世贸组织有效性或一致性的专业知识。②

为了可持续发展目标项目及后续关于经济、社会及有关领域的主要联合国会议和首脑会议的顺利进行，决议第 12 条要求秘书长向第 73 届大会提交一份关于"联合国和政府间集团之间更密切互动的具体备选方案"的报告，促进联合国相关组织与会员国之间的协商。

全体会议的工作反映了一个总体发展趋势，即关于国际犯罪问

---

① 参见 *ARUNA 2016/2017* 第 1. C 章，联合国大会决议，"The United Nations in Global Economic Governance"，A/RES/71/327，2017 年 9 月 11 日。

② 联合国会议报道，"大会通过六项决议，包括关于全球经济治理、多种语言、野生动物保护、消灭疟疾"，GA/11940，2017 年 9 月 11 日，https://www.un.org/press/en/2017/ga11940.doc.htm。

题，在委员会层面通常的技术性表述之外，还有许多问题值得关注。如下所述，除了第三委员会（联合国成立以来专门审议毒品和犯罪问题），其他委员会也会涉及犯罪问题。这在全体会议最后通过的两项决议中表现得很清楚。第一项是预订于第 72 届大会开始时发出的一份《联大高级别会议关于评估"联合国打击贩卖人口全球行动计划"的成果文件草案》①；由于它是以协商一致的方式通过的，可以预期将被第 72 届大会迅速采纳。第二项是关于"打击非法贩运野生动物"的决议②。第 69 届大会曾通过了关于这一问题的第一项决议，但最近的这项决议更进一步，在其条款中包括了网络贩卖等问题。

联合国大会的一个固定议程是在每年的日历上指定一天来庆祝某件事。在第 71 届大会上，第一项议程是将 6 月 27 日定为"中小微企业日"③；第二项议程是将 12 月 12 日定为"国际中立日"④，其意义在于"一些国家的中立政策有助于加强有关地区和全球层面的国际和平与安全，并可以在发展世界各国之间和平、友好互利关系方面发挥重要作用"；第三项议程是将 6 月 18 日定为"可持续美食日"，因为"美食是一种与世界自然和文化多样性有关的文化表达方式，体现了所有文化和文明都可以为可持续发展做出贡献，是可持续发展的关键推动因素"⑤。问题是长此以往日历中是否有足够的日子以设定更多此类节日。

---

① 参见 *ARUNA 2016/2017* 第 1. C 章，联合国大会决议，"Draft Outcome Document of the High-Level Meeting of the General Assembly on the Appraisal of the United Nations Global Plan of Action to Combat Trafficking in Persons"，A/RES/71/319，2017 年 8 月 28 日。

② 参见 *ARUNA 2016/2017* 第 1. C 章，联合国大会决议，"Tackling Illicit Trafficking in Wildlife"，A/RES/71/326，2017 年 9 月 11 日。

③ 参见 *ARUNA 2016/2017* 第 1. C 章，联合国大会决议，"Micro, Small and Medium-Sized Enterprises Day"，A/RES/71/279，2017 年 4 月 6 日。

④ 参见 *ARUNA 2016/2017* 第 1. C 章，联合国大会决议，"International Day of Neutrality"，A/RES/71/275，2017 年 2 月 2 日。

⑤ 参见 *ARUNA 2016/2017* 第 1. C 章，联合国大会决议，"Sustainable Gastronomy Day"，A/RES/71/246，2016 年 12 月 21 日。

（二） 第一委员会

第一委员会的冠名是"裁军和国际安全"。这些问题通常没有共识。从表1-3可以看出，在第71届大会上半数决议是以投票表决方式通过的，与前几届情况一样。投票率最高的议案涉及大规模杀伤性武器，几乎都与核武器有关。还有一个新的重点领域，则是目前已被国际条约所涵盖的军火走私犯罪。其中一项决议与各国关于转让武器、军事装备和双重用途物品和技术的立法有关[1]；决议以175票赞成、0票反对、3票弃权（朝鲜民主主义人民共和国、伊朗和叙利亚）获得通过，反映了与制裁有关的一些现实问题。还有一项决议是关于"防止和打击非法中介活动"，以179票赞成、1票反对（朝鲜民主主义人民共和国）、1票弃权（伊朗）获得通过[2]。

表 1-3　第一委员会：第 69 届、第 70 届和第 71 届大会的
议题、投票决议数量和占比

议题	第 69 届		第 70 届		第 71 届	
	投票决议数量	占比（%）	投票决议数量	占比（%）	投票决议数量	占比（%）
常规裁军	10	60	11	36	8	63
全面裁军	11	27	3	0	13	23
犯罪	—	—	—	—	4	50
信息和通信技术	1	0	1	0	0	0
外太空问题	3	67	3	67	3	67
区域问题	8	0	10	20	7	0
大规模杀伤性武器	24	71	26	73	29	72
总计	57	49	54	50	64	52

资料来源：作者根据联合国大会历届会议资料整理。

---

[1] 参见 *ARUNA 2016/2017* 第 1. C 章，联合国大会决议，"National Legisla-tion on Transfer of Arms, Military Equipment and Dual use Goods and Technology"，A/RES/71/68，2016 年 12 月 5 日。

[2] 参见 *ARUNA 2016/2017* 第 1. C 章，联合国大会决议，"Preventing and Combating Illicit Bro-kering Activities"，A/RES/71/36，2016 年 12 月 5 日。

同往常一样，第一委员会的焦点是大规模杀伤性武器，特别是核武器。这几乎是自联合国成立以来一直关注的问题。然而，在第71届大会上，朝鲜和其他国家可能使用核武器的问题日益增多，导致通过了一项决议，要求谈判一项禁止使用核武器的公约。① 投票结果为128票赞成，50票反对，9票弃权（亚美尼亚、白俄罗斯、日本、吉尔吉斯斯坦、马绍尔群岛、俄罗斯联邦、塞尔维亚、南苏丹和乌兹别克斯坦）。决议呼吁全球裁军谈判会议（Conference on Disarmament）开始谈判，以便就禁止在任何情况下使用或威胁使用核武器的国际公约达成协议。

这项决议与许多其他需要投票的决议放在一起审议。许多国家的问题是，现有的条约已涉及这个问题，包括1968年通过并于1970年生效的《不扩散核武器条约》（Non-Proliferation of Nuclear Weapons，NPT）。许多加入《不扩散核武器条约》的无核国家认为，核大国（包括那些尚未批准《不扩散核武器条约》的国家，如巴基斯坦、印度、以色列和朝鲜）仍有使用核武器的危险。

第一委员会的辩论由印度尼西亚代表不结盟运动来召集。根据联合国官方会议简报：

> （印度尼西亚代表安吉·萨齐卡·珍妮）说，提高联合国裁军机制的效力是共同目标。尽管该机构根据现有的议事规则和工作方法制定了具有里程碑意义的条约和准则，但其主要困难是一些国家缺乏取得进展的政治意愿，特别是在核裁军方面。她呼吁紧急开始裁军谈判会议，以便缔结一项全面的禁止使用核武器公约。关于裁军审议委员会，她遗憾地指出，由于核武器国家的顽

---

① 参见 ARUNA 2016/2017 第1. C章，联合国大会决议，"Convention on the Prohibition of the Use of Nuclear Weapons"，A/RES/71/75，2016年12月5日。

固立场，自 2000 年以来一直未能就任何建议达成一致。①

第一委员会通过了关于禁止使用核武器公约的决议后，不得不通过第二项决议，因为举行谈判的财政支出必须首先由第五委员会审议。这项决议以 113 票赞成、35 票反对、13 票弃权获得通过。② 该决议表示：

> （联大）决定，除非另有约定，（禁止核武器）谈判应按照联大议事规则于 2017 年 3 月 27 ~ 31 日和 6 月 15 日 ~ 7 月 7 日在纽约举行，参会代表由国际组织和民间社会代表组成。

一些评论家指出，解决朝鲜民主主义人民共和国核武器危机的最佳办法是将该国纳入这一条约，接受其拥核地位，但同时提供依据促使其放弃核地位。

与这项禁核公约存在竞争关系的另一项决议多年来被作为替代方案，提议缔结条约禁止生产用于核武器或其他核爆炸装置的裂变材料。第一委员会通过的这项决议将其称为《裂变材料禁产条约》，并在决议执行条款第 2 条呼吁：

> 成立高级别裂变材料禁产条约（Fissile Material Cut-off Treaty，FMCT）专家筹备小组，成员来自根据公平地域代表原则选出的 25 个国家，在不影响各国未来谈判立场的情况下以协商一致的方式运作；该小组需于 2017 年和 2018 年分别在日内瓦举行为期两

---

① 联合国会议报道，"第一委员会发言人在专题辩论期间说，启动停滞不前的裁军机制需要增强政治意愿，扩大成员范围"，2016 年 10 月 26 日，GA/DIS/3562，https://www.un.org/press/en/2016/gadis3562.doc.htm。

② 参见 *ARUNA 2016/2017* 第 1.C 章，联合国大会决议，A/RES/71/258，2016 年 12 月 23 日。

周的会议，为一项未来非歧视性、多边、国际性和可有效核查的条约进行实质性内容的协商和建议，禁止生产用于核武器或其他核爆炸装置的裂变材料。①

在第一委员会的辩论中，这得到了阿拉伯集团和欧盟的支持。该决议是第一委员会最后一项决议，以158票赞成，2票反对（意大利和巴基斯坦），9票弃权（布隆迪、中国、古巴、埃及、伊朗、以色列、尼加拉瓜、俄罗斯联邦和叙利亚）获得通过。

联大主议程结束后，《禁止使用核武器公约》在2017年2月和7月进行了谈判，并于当年7月7日通过。但由谁来批准以及何时生效还有待确定。

（三）第二委员会

第二委员会处理经济和金融问题，包括环境和更广泛的发展政策问题。它就大约16个议题通过了36项决议。这与前一届会议类似。其中只有14%的决议是以表决方式通过（多数与巴勒斯坦或国际经济新秩序有关）。

本届委员会的主要决议之一是于2016年12月5日通过的《联合国系统发展业务活动的四年度全面政策评估》。② 联合国自成立以来就开展了系统业务活动，最初作为将知识和金融资源从发达国家转移到发展中国家的一种机制。多年来，联合国系统的做法经历了多次修改，

---

① 参见 *ARUNA 2016/2017* 第1. C章，联合国大会决议，"Treaty Banning the Production of Fissile Material for Nuclear Weapons or Other Nuclear Explosive Devices"，A/RES/71/259，2016年12月23日。

② 参见 *ARUNA 2016/2017* 第1. C章，联合国大会决议，"Quadrennial Comprehensive Policy Review of Operational Activities for Development of the United Nations System"，A/RES/71/243，2016年12月21日。

但最近的一次是联合国系统的定期报告，现在是每四年一次。[①] 在第71届大会上，根据秘书长的报告[②]，其中的建议也经过了修改，对下一步的行动进行了重要讨论。

在2016年10月6日该议程项目的介绍会上，77国集团和中国的发言人——泰国的萨维乔特·塔提亚坡姆朋（Thaweechot Tatiyaperm-poon）认为：

> 促进发展的各项业务活动必须考虑到构建、促进和增强发展中国家在国家层面实现长期可持续发展能力的必要性，同时考虑到不同的发展水平和现实情况……此外，该系统的治理结构需要进行全面改革，以加强其协调性、一致性和有效性。[③]

欧洲联盟代表阿格涅斯卡·克劳萨（Agnieszka Klausa）提出了类似的关切：

> 欧洲联盟认为，联合国发展系统过于复杂和分散，阻碍了其业务、标准制定和规范性任务的执行。（克劳萨女士）说："我们应该避免重复劳动和联合国不同部门之间的竞争，以'2030年议程'为准绳，激励和加强跨部门的合作和行动协调性。欧洲联盟同意秘书长的观点，即需要一种新的基于结果而非过程的评估方式。"[④]

[①] 约翰·马蒂亚森在《联合国在国家层面：重新评估促进发展的业务活动》（《国际组织研究杂志》第8卷第2期）中描述了这一点。

[②] 联合国大会文件，《联合国系统发展方面的业务活动四年期全面政策审查：建议》，秘书长报告，A/RES/71/292/Rev.1，2016年9月27日。

[③] 联合国会议报道，《注重南南合作的重要性，四年期政策审查，第二委员会审议发展业务活动》，GA/EF/3450，2016年10月6日，https://www.un.org/press/en/2016/gaef3450.doc.htm。

[④] 联合国会议报道，《注重南南合作的重要性，四年期政策审查，第二委员会审议发展业务活动》，GA/EF/3450，2016年10月6日，https://www.un.org/press/en/2016/gaef3450.doc.htm。

美国代表米里亚姆·希夫（Miriam Schive）也对此表达了观点：

四年度全面政策评估是第二委员会将在 2016 年协商的最重要的决议之一。它将使委员会有机会探讨如何将联合国组织的发展系统置于其他倡议的范围内，以确保联合国各机构尽可能及时、高效和务实地展开行动，帮助尽可能多的人。美国期待着与所有同事一道制定一个兼具战略性、针对性和连贯性的方案，促使联合国发展系统帮助各国实现可持续发展目标。[①]

本届会议期间，各国政府在非正式会议上讨论了一份最初由 77 国集团于 2016 年 10 月 28 日提出的草案。该草案最终于 2016 年 12 月 21 日以协商一致的方式通过。达成的决议有 84 个执行条款，篇幅很长，内容十分全面，旨在为业务活动的改革提供基础。主要内容包括由发达国家提出添加的基于成果的管理（第 12 条）以及系统性改善协调性的必要性。决议如下：

19. 提请秘书长与联合国发展系统各部门磋商，在 2017 年 6 月之前，针对所有开展支持实施《2030 年可持续发展议程》的发展业务活动的联合国部门，按照其战略计划和类似规划文件以及各部门的现有能力，梳理清楚它们目前的职能；查明联合国发展系统的工作重叠和疏漏，并提出解决这些问题的建议；按照各部门的任务规定，分析其各自的比较优势，以及改进部门间协作的办法；

20. 提请联合国发展系统各部门负责人在秘书长的领导下，

---

① 联合国会议报道，《注重南南合作的重要性，四年期政策审查，第二委员会审议发展业务活动》，GA/EF/3450，2016 年 10 月 6 日，https://www.un.org/press/en/2016/gaef3450.doc.htm。

在 2017 年年底之前拟定并提交一份全系统的战略文件，说明如何
将（上一条产生的）建议转化为具体行动，改进工作效率及连贯
性，共同促进《2030 年可持续发展议程》的实施；同时，需说明
与新的战略计划和相关计划相适应的资金调整方案。经济及社会
理事会 2018 年届会的发展业务单元将审议这份战略文件；

......

58. 为此，提请联合国秘书长编写一份关于进一步改进联合
国开发计划署管理的驻地协调员制度的全面提案，以期确保其对
各级联合国国家工作团队的充分领导权，确保其公正性、独立性
和充足的资金调配，以及适当的争端解决机制；该提案于 2017 年
年底提交经济及社会理事会评审，并提交第 72 届联合国大会以便
进一步行动。

这样一来，该决议为新秘书长 2017 年 8 月旨在对该制度进行重大
改革的"重新定位报告"提供了基础，该报告供第 72 届大会审议。

有若干关于气候变化方面的决议，包括《防治荒漠化公约》以及
为人类后代保护全球气候的决议，但这些都是以前决议的延伸。

其中一项以 147 票支持、26 票反对、7 票弃权的表决结果通过的
决议是"促进可持续发展的企业家精神"。[①] 一般来说，这个主题是没
有争议的。但是，投票的原因是该决议的提案国是以色列，而反对票
主要来自它周边的区域。

最后，有一项关于犯罪问题的决议[②]，通常由第三委员会审议，

① 参见 *ARUNA 2016/2017* 第 1. C 章，联合国大会决议，"Entrepreneurship for Sustainable De-velopment"，A/RES/71/221，2016 年 12 月 21 日。

② 参见 *ARUNA 2016/2017* 第 1. C 章，联合国大会决议，"Promotion of International Cooperation to Combat Illicit Financial Flows in Order to Foster Sustainable Development"，A/RES/71/213，2016 年 12 月 21 日。

这反映了犯罪主题现在正渗透到联大各部门的工作中。该决议题为"促进国际合作，打击非法资金流动，以促进可持续发展"，在宏观经济政策问题的议程项目下审议。其内容主要涉及洗钱活动，但也与第三届开发融资国际会议达成的《亚的斯亚贝巴行动议程》（*Addis Ababa Action Agenda*）有关，后者也呼吁采取行动打击非法资金流动；同时它也与《联合国反腐败公约》和《联合国打击跨国有组织犯罪公约》有关。这正反映了之前提到的国际犯罪正受到联大更广泛的关注。

这一决议获得协商一致通过之后，几个代表团（如尼日利亚和南非）表示，必须开始着手处理犯罪问题中其他一些日益重要的现象。但另一个代表团（美国）告诫不要把如此复杂的技术问题作为第二委员会讨论的一部分。[①]

（四）第三委员会

第三委员会正式处理社会、人道主义和文化事务，在第71届大会上通过了50项决议。从表1-4可以看出，其中有30%的决议是投票表决通过的，而这些投票决议全部属于人权领域议题（包括一项关于巴勒斯坦的人权问题）。与第70届大会的58项决议相比，这一数字几乎没有变化。

表1-4　第三委员会：第70届和第71届大会的议题和表决方式

议题	第70届			第71届		
	未经投票	经过投票	总计	未经投票	经过投票	总计
毒品和犯罪	9	——	9	6	——	6
人权	22	15	37	17	14	31
巴勒斯坦	——	1	1	——	1	1

---

① 联合国简报《第二委员会核准通过一份包括15个条文的决议草案，强调克服可持续发展孤岛的重要性》，GA/EF/3468，2016年12月8日，https://www.un.org/press/en/2016/gaef3468.doc.HTM。

续表

议题	第 70 届			第 71 届		
	未经投票	经过投票	总计	未经投票	经过投票	总计
难民	2	—	2	3	—	3
社会发展	5	—	5	5	—	5
妇女	4	—	4	4	—	4
总计	42	16	58	35	15	50

资料来源：作者根据联合国大会历届会议资料整理。

委员会按照其所固有的顺序处理这些领域的问题，很少有什么改变。一般从社会发展问题开始，然后依次为妇女、毒品和犯罪、难民问题，最后用最长的时间处理人权问题。每一个领域通常都有 1~2 个新主题，否则会重拾好几年前涉及过的主题充数。

本届大会中社会发展领域重新考虑了扫盲问题，并产生了一项题为"为生活扫盲：塑造未来"的决议。[①] 它是基于 2002 年联合国扫盲十年（2003~2012）规划大会宣言提出的，其基本内容是继续提高识字率。一个老生常谈的主题是老龄化问题，最后产生了一项题为"第二届老龄问题世界大会之后续行动"的决议。[②] 该老龄问题世界大会是 2002 年召开的，从那时起，该主题每年都有一个决议，其成果之一是持续努力地谈判以达成一项新的老龄人人权公约。这次决议的最后段落授权一个无限期工作组为谈判进程提供指导，该工作组迄今已举行了六次会议。

妇女问题是出现最多的连续性辩题。然而，各届会议讨论的具体主题还是存在一些差异。例如，第 70 届大会的重点是针对移民女工的暴力行为；第 71 届大会的讨论则主要产生了两项决议，一项是"加强

---

① 参见 *ARUNA 2016/2017* 第 1. C 章，联合国大会决议，"Literacy for Life：Shaping Future Agendas"，A/RES/71/166，2016 年 12 月 19 日。

② 参见 *ARUNA 2016/2017* 第 1. C 章，联合国大会决议，"Follow-up to the Second World Assembly on Ageing"，A/RES/71/164，2016 年 12 月 19 日。

全球性努力消灭女性生殖器割礼"①，另一项是"加强努力终止产科瘘管病"②，这是切割生殖器官的后果之一。

毒品和犯罪是下一个主题，第三委员会处理这类议案是因为其被授权处理青少年违法和罪犯的处置问题。毒品问题在此讨论很大程度上是因为大家认为它是一个社会问题，而非经济问题。随着时间的推移，人们对毒品和犯罪的关注越来越广泛，因为这两个问题都被视为国际性问题，而非国家内部事务。该领域在第71届大会上通过了六项决议：

- 第十三届联合国预防犯罪和刑事司法大会的后续行动以及第十四届联合国预防犯罪和刑事司法大会的筹备工作③；
- 联合国非洲预防犯罪和罪犯待遇研究所④；
- 根据《联合国反腐败公约》，防止和打击腐败行为和转移腐败所得，促进资产追回并将其归还合法所有者，特别是返还来源国⑤；
- 加强联合国预防犯罪和刑事司法方案，特别是其技术合作能力⑥；

---

① 参见 ARUNA 2016/2017 第 1. C 章，联合国大会决议，"Intensifying Global Efforts for the Elimination of Female Genital Mutilation"，A/RES/71/168，2016 年 12 月 19 日。

② 参见 ARUNA 2016/20 第 1. C 章，联合国大会决议，"Intensification of Efforts to End Obstetric Fistula"，A/RES/71/169，2016 年 12 月 19 日。

③ 参见 ARUNA 2016/2017 第 1. C 章，联合国大会决议，"Follow-up to the Thirteenth United Nations Congress on Crime Prevention and Criminal Justice and Preparations for the Fourteenth United Nations Congress on Crime Prevention and Criminal Justice"，A/RES/71/206，2016 年 12 月 19 日。

④ 参见 ARUNA 2016/2017 第 1. C 章，联合国大会决议，"United Nations African Institute for the Prevention of Crime and the Treatment of Offenders"，A/RES/71/207，2016 年 12 月 19 日。

⑤ 参见 ARUNA 2016/2017 第 1. C 章，联合国大会决议，"Preventing and Combating Corrupt Practices and the Transfer of Proceeds of Corruption, Facilitating Asset Recovery and Returning Such Assets to Legitimate Owners, in Particular to Countries of Origin, in Accordance with the United Nations Convention against Corruption"，A/RES/71/208，2016 年 12 月 19 日。

⑥ 参见 ARUNA 2016/2017 第 1. C 章，联合国大会决议，"Strengthening the United Nations Crime Prevention and Criminal Justice Programme, in Particular Its Technical Cooperation Capacity"，A/RES/71/209，2016 年 12 月 19 日。

- 促进联合国替代发展指导原则①；
- 开展国际合作以解决和应对世界毒品问题②。

其中大部分是前几届会议的延续，但部分议题增加了新问题。一个是替代发展问题，指的是说服农民种植罂粟以外作物的计划，特别是在南亚；另一个是大力支持联合国毒品和犯罪问题办事处一项技术合作方案，协调处理各国关于治理洗钱等罪行的呼请。

难民问题主要涉及结构问题，因为难民事务高级专员办事处（UNHCR）有自己的理事机构，即联合国难民事务高级专员方案执行委员会。因此，所需要的只是一项授权扩大委员会规模的决议。③

第三委员会的主要争议主题是人权，其中近乎一半的决议都是投票通过的。未经表决通过的 18 项人权决议主要是现有的人权问题，这些问题几乎没有争议，例如"儿童权利"④、"食物权"⑤ 和"宗教或信仰自由"⑥，大多数都在前几届大会上讨论过。

投票通过的决议涉及广泛的范畴，如对叙利亚、伊朗、克里米亚和塞瓦斯托波尔等特定国家或地区的批评。还有一些则是在基本权利或权利的妨碍因素上没有达成共识的问题。一个例子是关于"利用雇

---

① 参见 *ARUNA 2016/2017* 第 1. C 章，联合国大会决议，"Promoting the Implementation of the United Nations Guiding Principles on Alternative Development"，A/RES/71/210，2016 年 12 月 19 日。

② 参见 *ARUNA 2016/2017* 第 1. C 章，联合国大会决议，"International Cooperation to Address and Counter the World Drug Problem"，A/RES/71/211，2016 年 12 月 19 日。

③ 参见 *ARUNA 2016/2017* 第 1. C 章，联合国大会决议，"Enlargement of the Executive Committee of the Program me of the United Nations High Commissioner for Refugees"，A/RES/71/171，2016 年 12 月 19 日。

④ 参见 *ARUNA 2016/2017* 第 1. C 章，联合国大会决议，"Rights of the Child"，A/RES/71/177，2016 年 12 月 19 日。

⑤ 参见 *ARUNA 2016/2017* 第 1. C 章，联合国大会决议，"The right to Food"，A/RES/71/191，2016 年 12 月 19 日。

⑥ 参见 *ARUNA 2016/2017* 第 1. C 章，联合国大会决议，"Freedom of Religion or Belief"，A/RES/71/196，2016 年 12 月 19 日。

佣军作为手段侵犯人权和妨碍人民行使自决权"的决议。① 还有一项决议是俄罗斯联邦提出的关于"反对美化纳粹主义、新纳粹主义和其他助长当代各种形式的种族主义、种族歧视、仇外心理及相关的狭隘行为"的决议②，该决议没有得到欧洲联盟和其他国家的支持。雇佣军决议的问题是，它需要人权理事会的一个工作组来处理这一问题，但是关于何为雇佣军的描述却存在分歧。投票结果是107票赞成、50票反对。在解释投票情况时，会议报告说：

> 斯洛伐克代表代表欧洲联盟发言，感谢古巴代表团在举行协商时的透明度，并删除了执行部分提到外国战斗人员的段落。但是，决议草案的内容仍然相同，欧洲联盟对案文表示关切。工作组在其职责范围内不应当审议私营保安团体。一般来说，缺乏明确性不利于解决因使用雇佣军和私人保安及私营军事公司而引起的合法人权问题。由于这些原因，欧盟不能支持目前的决议形式。③

现在，人权理事会是处理这一问题的主要政府间机构，向联大提交报告。所有与其工作相关的问题都将交由第三委员会讨论审议。在本届会议上，关于"人权理事会报告"④ 的决议投票结果为106票赞

---

① 参见 *ARUNA 2016/2017* 第1.C章，联合国大会决议，"Use of Mercenaries as a Means of Violating Human Rights and Impeding the Exercise of the Right of Peoples to Self-determination"，A/RES/71/182

② 参见 *ARUNA 2016/2017* 第1.C章，联合国大会决议，"Combating Glorification of Nazism, neo-Nazism and other Practices that Contribute to Fueling Contemporary Forms of Racism, Racial Discrimination, Xenophobia and Related Intolerance"，A/RES/71/179，2016年12月19日。

③ 联合国会议报道，"第三委员会批准了6份关于法外处决、和平权、雇佣军的文件，因为它考虑了基本自由的法律方面"，GA/SHC/4190，2016年11月18日，https://www.un.org/press/en/2016/gashc4190.doc.htm。

④ 参见 *ARUNA 2016/2017* 第1.C章，联合国大会决议，"Report of the Human Rights Council"，A/RES/71/174，2016年12月19日。

成、2 票反对、74 票弃权，原因与报告中一个与性取向和性别认同有关的建议有关。非洲国家集团一开始提出的决议包括一项执行条款：

> 2. 决定推迟对人权理事会 2016 年 6 月 30 日关于防止基于性取向和性别认同的暴力和歧视的第 32/2 号决议的审议和行动，以便有时间进行进一步磋商，以确定在其中规定的特别程序的法律依据（脚注省略）。①

这一点遭到欧洲联盟和美国等代表团的反对，他们提出一项修正案，删除了该执行条款。修正案以 84 票赞成、77 票反对、17 票弃权获得通过，推迟审议也因此被否决。事实上，最后决议只有一条执行条款，表示大会"注意到人权理事会的报告，包括该报告的附录及其建议"。

（五）第四委员会

第四委员会处理目前称为特别政治和非殖民化的问题，包括托管、信息、外层空间、核辐射和维持和平问题。这是从委员会最初对托管领土和其他非自治领土的关注演变而来的，因为殖民时代的结束减少了这类问题的数量。不过，在第 71 届大会上，通过的 36 项决议中有 16 项未经表决，提到某些仍未独立的领土（例如，美属萨摩亚、安圭拉、百慕大、开曼群岛、关岛、皮特凯恩、圣赫勒拿岛、美属维尔京群岛）。在所投票的 14 项决议中，有 9 项涉及长时间以来无法达成共识的巴勒斯坦问题；4 个是领土托管的一般性问题，1 个是传播非殖民化信息的问题。

---

① 第 71 届大会，第三委员会，博茨瓦纳代表非洲国家集团成员的联合国会员国，决议草案《人权理事会报告》，A/C. 3/71/L. 46，2016 年 11 月 3 日，http://undocs. org/A/C. 3/71/L. 46。

虽然委员会于 2016 年 12 月 6 日就完成了主要工作，通过了几乎所有决议，但是 2017 年 7 月又复会审议了维和问题。这次会议重点是审议维和行动特别委员会的年度报告。该委员会于 1965 年成立，负责全面审查与维持和平有关的所有问题。通常，报告审查是无须表决便能迅速通过的决议之一，但本届大会却不同。维持和平是联合国最昂贵的活动之一。2016～2017 财政年度其花费高达 79 亿美元。[①] 新的美国政府目前为此提供了 28% 的资金，要求对维和及其费用进行彻底审查，遂由特别委员会在 2017 年 2～3 月的会议上进行这项任务。其审查报告[②]经过审议，于 2017 年 7 月 19 日形成决议。[③] 尽管有所延误，第四委员会主席弗拉基米尔·德罗宾贾克（Vladimir Drobnjak，来自克罗地亚）指出，该案文与往年相比基本没有变化，并补充说"他将向委员会下一届主席和主席团提交这个问题。"[④]

（六）第五委员会

第 71 届大会不需要批准项目预算。因此按照惯例，大会在常规会期内的主要关注点是人力资源。续会审查了全部有年度经费的维和行动，通过的决议数量最多。为了确保所有国家都尊重预算和其他管理决定，第五委员会传统上试图不经表决通过其所有决议，如表 1－5 所示，这基本上实现了。

在第五委员会上唯一经过表决的事项涉及一个奇怪的问题，其决议称为"请求国际法院就 1965 年查戈斯群岛（Chagos Archipelago）与

---

① 联合国维和行动，《实况表》，2017 年 6 月 30 日，https://peacekeeping. un. org/sites/default/files/pk_factsheet_06_17_e_0. pdf。

② 维持和平行动特别委员会的报告，2017 年实质性会议（纽约，2017 年 2 月 21 日～3 月 17 日），《大会正式记录》（补编第 19 号），参见 A/RES/71/19，2017 年 3 月 20 日。

③ 参见 ARUNA 2016/2017 第 1. C 章，联合国大会决议，"Comprehensive Review of the Whole Question of Peacekeeping Operations in All Their Aspects"，A/RES/71/314，2017 年 7 月 19 日。

④ 联合国会议报道，"第四委员会核准认可维持和平行动特别委员会的建议决议草案"，GA/SPD/629，2017 年 7 月 11 日，https://www. un. org/press/en/2017/gaspd629. doc. htm。

毛里求斯分离所产生的法律后果发表咨询意见"。这是毛里求斯独立遗留下来的根本问题，当时毛里求斯声称拥有的一组岛屿没有列入独立协定。这原本是一个可以提交国际法院的非殖民化问题，但由于这种移交将涉及经费问题，因此交由第五委员会批准这项请求。正如本届会议的报告所指出的：

> 然而，根据国际法院最近的咨询意见提供的先例，估计关于查戈斯群岛的咨询费用约为 450000 ~ 600000 美元。如果大会通过该决议草案，秘书长将向大会提交一份关于 2018 ~ 2019 两年期拟议方案预算的详细订正概算报告，供第 72 届联合国大会审议。[①]

该决议只是要求国际法院提出咨询意见；投票结果以 94 票赞成、15 票反对、65 票弃权获得通过。赞成票大部分来自非洲国家。投反对票的大多是发达国家，他们担心这将开创一个危险的先例。

表 1-5 第五委员会：第 71 届大会议题和表决方式

议题	未经投票	经过投票	总计
预算	7	1	8
评估	5	—	5
人力资源	5	—	5
维和	20	—	20
法庭	4	—	4
总计	41	1	42

资料来源：作者根据联合国大会历届会议资料整理。

虽然本届大会没有批准下一个预算（2018 ~ 2019），但仍为其采

---

① 第 71 届联合国大会，第 88 次全体会议，参见 A/71/PV.88，2017 年 6 月 22 日，第 15 页，http://undocs.org/A/71/PV.88。

取了初步措施。在六项预算决议中，有两项至关重要。第一，关于项目规划的第71/6号决议，于2017年10月27日获得通过，因为它将在项目和协调委员会（大会为项目预算目的设立的一个附属机构）工作的基础上，确定本组织的优先事项，以及秘书处的计划方略。项目和协调委员会对秘书长提出的议案非常关键。这一经非正式谈判达成的决议指出：

联合国2018~2019年的优先事项决定如下：

①遵照联合国大会的有关决议和近期联合国会议成果，促进持续经济增长和可持续发展；

②维持国际和平与安全；

③非洲的发展；

④促进人权；

⑤有效协调人道主义援助工作；

⑥促进国际司法；

⑦裁军；

⑧毒品管制、预防犯罪和打击一切形式的国际恐怖主义。

此外，它认为秘书处在制定规划时遵循的程序需要改进，并对此发表了意见，具体如下：

11. 强调秘书长在编写有关项目执行情况报告时，必须严格遵守战略框架中核准的概念、条款和任务；

12. 认识到继续改进逻辑框架的重要性，鼓励项目管理人员基于清晰可测量原则定义指标，进一步提高绩效指标的质量，改善成果评估。

下一阶段的进程是确定预算大纲，规定秘书长可以支配的资金额度。秘书长向大会提出了建议，但在会议辩论期间遭到了严厉批评。最后，第五委员会商定金额为 53.95 亿美元①，这比最初提出的 55 亿美元略低。决议还重申了项目规划决议中所列的优先事项。

一段时间以来委员会面临的另一个问题是推进在联合国秘书处建立问责制度。自 2003～2004 年第 58 届会议以来，如何让国际组织对其资金使用、活动及其取得的成果负责一直是人们关注的问题。秘书长为此提出了第六份进度报告②，强调问责制理念和加强内部控制是一个持续的过程，并指出存在一种企业化的风险管理战略。虽然这在很大程度上被接受，但行政和预算问题咨询委员会（ACABQ）在对该报告的评论中指出，它缺乏关于业绩管理的信息。行政和预算问题咨询委员会的报告特别指出：

> 咨询委员会注意到，秘书长关于问责制的最新报告没有提到成果管理制的概念。咨询委员会询问后获悉，正在制订计划，通过落实高级管理人员合同和加强工作人员业绩管理制度，在本组织的战略目标和人力资源管理之间建立具体联系。③

第五委员会在其续会上通过的决议中更加明确地指出：

> 13.（本委员会）重申注重成果的管理和业绩报告是全面问责制框架的重要支柱；

---

① 参见 *ARUNA 2016/2017* 第 1. C 章，联合国大会决议，"Proposed Programme Budget Outline for the Biennium 2018～2019"，A/RES/71/274，2016 年 12 月 23 日。

② 联合国大会文件，秘书长报告，《关于联合国秘书处问责制的第六次进度报告》，参见 A/RES/71/729，2016 年 12 月 21 日。

③ 联合国大会文件，行政和预算问题咨询委员会的报告，《关于联合国秘书处问责制的第六次进度报告》，参见 A/RES/71/820，2017 年 3 月 1 日，第 31 段。

14. （本委员会）注意到秘书长未在第六份进度报告中列入具有固定时间表和明确标志的详细计划，以便在本组织的常规运作中实施成果管理制；我们再次请求秘书长在第七进度报告中列入这个详细计划。①

在讨论该决议时，许多国家强调改进成果管理制的必要性。这也是主要捐助国（瑞士、欧盟和美国）强调的一个主题，并认为该计划应由下一届大会审议。②

虽然第 71 届大会的主题为人事制度，并为此通过了五项决议，但焦点主要集中在两个领域。第一，在第 70 届大会上做出了一项关于国际公务员薪酬的重大决定，但秘书长尚未执行这项决定。因此，在第 71 届大会上，秘书长被告知要在现有资源范围内执行该决议。③ 第二，大会推动进行有效的人力资源管理改革，以便解决该制度的缺陷（例如填补职位所需的时间需达到 120 天的目标），这些问题在决议中得到了体现。④

另一个问题事关第五委员会正式负责的维持和平工作，即需要努力解决一些维持和平任务中发现的维和人员性剥削和性虐待问题。这一问题虽已得到重视，但仍有一个问题是，国家特遣队在自己的法律制度下运作。在这种情况下，大会通过了"防止性剥削和虐待的特别

---

① 参见 *ARUNA 2016/2017* 第 1. C 章，联合国大会决议，"Progress towards an Accountability System in the United Nations Secretariat"，A/RES/71/283，2017 年 4 月 6 日。

② 联合国会议报道，"发言者敦促注重成果管理，实施反欺诈政策，预算委员会审查建立问责制的进展情况"，2017 年 3 月 9 日，GA/AB/4227，https://www.un.org/press/en/2017/gaab4227.doc.htm。

③ 参见 *ARUNA 2016/2017* 第 1. C 章，联合国大会决议，"Implementation of the New Common System Compensation Package in the United Nations Secretariat"，A/RES/71/88，2016 年 12 月 5 日。

④ 参见 *ARUNA 2016/2017* 第 1. C 章，联合国大会决议，"United Nations Common System"，A/RES/71/264，2016 年 12 月 23 日。

措施"。① 尽管有关国家仍负有责任，但决议认为：

16. 请秘书长立即通知有关会员国关于在安理会授权下运作的特派团可能发现的性剥削和性虐待指控，并请秘书长确保相关成员国收到所有可用信息，以便其国家当局采取适当的后续行动。

秘书长在今后的维和行动预算请求中，应报告这种方法是否有效，说明各特派团就性剥削和性虐待问题进行的风险评估结果，以及为应对这些风险而正在采取的行动；评估范围包括由联合国军警和文职人员执行的零容忍政策任务。

（七）第六委员会

第六委员会处理国际法，因此有一个精心界定的议程。常言道，"正义的磨盘转动很慢，但是却磨得很细"，而第六委员会就是如此工作的。从表 1-6 可以看出，2016 年通过的决议数量不多，但相当于 2015 年的两倍，也比 2014 年多。增加的大部分是关于法律的广泛问题，以及对伊比利亚—美洲国家司法部长会议和太平洋岛屿发展论坛等机构的观察员身份的授权。

表 1-6 第六委员会：第 69 届、第 70 届和第 71 届大会议题

议题	第 69 届	第 70 届	第 71 届
宪章	1	1	1
东道国	1	1	1
法律	10	5	13
观察者	2	3	5

① 参见 *ARUNA 2016/2017* 第 1. C 章，联合国大会决议，"Special Measures for Protection from Sexual Exploitation and Sexual Abuse"，A/RES/71/297，2017 年 6 月 30 日。

续表

议题	第 69 届	第 70 届	第 71 届
恐怖主义	1	1	1
贸易法	2	1	4
总计	17	12	25

资料来源：作者根据联合国大会历届会议资料分析所得。

　　大多数关于法律的决议都有中间步骤性质，提出在新的法律认识下取得的进展，并向下一届大会或以后的会议传递任务。例如，关于"普遍管辖原则的范围和应用"的决议①，自 2009 年以来所有大会都有这项决议。它呼吁各国就该问题提出意见供第 72 届大会讨论。另一个例子是关于"预防危险活动造成的跨界损害和在这种损害情况下的损失分配"的决议。② 这项决议自 2001 年以来每隔四五年审议一次，这次决议之后又提请第 74 届大会再行审议。第三个例子是关于"灾害事件中的人员保护"的决议③，要求各国发表意见，以便在第 73 届大会上讨论这个问题。

　　本届大会达成的一个新决议与可持续发展的目标有关，即"跨界含水层法"④，致力于界定相关国际法律，以便将其纳入现有的《保护和利用跨界水道和国际湖泊公约》中。该公约原先并不包括地下含水层。决议指出这一问题已取得部分进展，并引用阿根廷、巴西、巴拉圭和乌拉圭于 2010 年 8 月 2 日签署的《瓜拉尼含水层协定》，以及 2012 年 11 月 29 日《保护和利用跨界水道和国际湖泊公约》缔约方第

① 参见 *ARUNA 2016/2017* 第 1. C 章，联合国大会决议，"The Scope and Application of the Principle of Universal Jurisdiction"，A/RES/71/149，2016 年 12 月 13 日。

② 参见 *ARUNA 2016/2017* 第 1. C 章，联合国大会决议，"Consideration of Prevention of Trans-boundary Harm from Hazardous Activities and Allocation of Loss in the Case of Such Harm"，A/RES/71/143，2016 年 12 月 13 日。

③ 参见 *ARUNA 2016/2017* 第 1. C 章，联合国大会决议，"Protection of Persons in the Event of Disasters"，A/RES/71/141，2016 年 12 月 13 日。

④ 参见 *ARUNA 2016/2017* 第 1. C 章，联合国大会决议，"The Law of Trans-boundary Aquifers"，A/RES/71/150，2016 年 12 月 13 日。

六次会议通过的《跨界地下水示范规定》作为例证。该决议随后将工作责任转交给了第 74 届大会。

由第 70 届大会传递过来的一项工作，是讨论消灭国际恐怖主义措施的国际公约。本届大会通过的决议①几乎与 2015 年的决议完全一致，并将这一问题移交给了第 72 届大会。

一个比较新的事项是处理联合国维持和平行动中的性剥削和性虐待问题，该问题同时也出现在第五委员会议程中。第六委员会在一项"联合国官员和特派团专家的刑事责任"决议②中处理了这一问题，该决议涵盖了联合国工作人员（各国仅针对维和部队）。在一份载有 30 个执行条款的案文中，它要求秘书长处理可能涉及犯罪的指控案时"继续改进报告方法并扩大报告范围"。

三　总结

在全球秩序面临新的威胁的国际政治环境中，第 71 届大会在许多方面的做法都有点"一切照旧"的味道。不过新秘书长提出的若干建议和会员国推动的改革，显然有助于联合国及其系统的体制改革，并已在联合国和全球经济治理中有所体现。此外，它还针对自 1947 年以来就一直运行的维和行动进行了改革。

与此同时，虽然大会热衷于执行可持续发展目标，但在如何评估其进展方面的成果乏善可陈。这部分反映了一个事实，即行动的职责主要在经济及社会理事会。下一届大会还必须考虑更多问题，方可能制定明确的执行方式。

---

① 参见 ARUNA 2016/2017 第 1. C 章，联合国大会决议，"Measures to Eliminate International terrorism"，A/RES/71/151，2016 年 12 月 13 日。

② 参见 ARUNA 2016/2017 第 1. C 章，联合国大会决议，"Criminal Accountability of United Nations Officials and Experts on Mission"，A/RES/71/134，2016 年 12 月 13 日。

　　大会对联合国系统发展业务活动进行四年一次的全面政策审查，可能是最重要的行动之一。原因在于，这为国际公共机构（特别是在国家层面）工作方式的重大变化奠定了基础，即通过工作人员到位，而非项目，为会员国提供直接服务。改革细节要到 2017 年 12 月才能提出，但在第 71 届大会上达成的协议将为后续的方案提供一个良好的铺垫。

第二章 安全理事会：是否胜任使命？

雅克·福默兰

一 引言

在过去的一年里，人们对"振兴"多边体系的必要性展开了越来越多的辩论，旨在加强"以联合国为基础的国际体系"的提案也大量涌现①……这些讨论产生的主要观点是，联合国需要更好地担负起"维持和平"的职责，这部分体现在维和行动、和平建设、妇女权益保护、和平与安全等方面工作审查力度的加强。这些措施的实质是要求打破部门限制，使联合国内部过度"孤立"的和平与安全、发展、人权和人道主义工作更加协调一致。② 但随之而来的动荡——包括新

---

① 多边主义独立委员会报告，"Pulling Together: The Multilateral System and its Future"（New York, International Peace Institute 2016）。

② 关于审查的进一步想法，见联合国大会或安理会文件"Identical Letters Dated 17 June 2015 from the Secretary-General Addressed to the President of the General Assembly and the President of the Security Council, Report of the High-level Independent Panel on Peace Operations on Uniting our Strengths for Peace: Politics, Partnership and People", A/RES/70/95 – S/2015/446, June 17, 2015；联合国大会或安理会文件, Identical letters dated 29 June 2015 from the Chair of the Advisory Group of Experts on the Review of the Peacebuilding Architecture addressed to the President of the General Assembly and the President of the Security Council, Challenge of （转下页注）

当选的特朗普政府的"美国第一"政策，持续的大国紧张局势，唇枪舌剑密云笼罩下的朝鲜问题，以及撒哈拉以南非洲和中东的人道主义危机，都使联合国固有的议题更为引人注目和迫在眉睫，对秘书处掌舵人此时的换岗形成巨大的挑战。本评论的一个目的是评估安理会在此审查期间（2016 年 9 月 1 日～2017 年 8 月 31 日）的工作在多大程度上受到政治事态发展的影响，以及对其回应或促进作用的程度。

回答这个问题，首先需要理解安理会一直是联合国宪章所设定的"选择性集体安全"系统的核心。①安理会（根据《联合国宪章》第 33 条）和联合国大会（根据《联合国宪章》第 10～14 条）均可就联合国成员国或秘书长中任何一方向其提交的争议解决方案提出建议。但只有安理会才能"确定存在对和平的任何威胁、破坏和平或侵略行为"，并就维持或恢复国际和平与安全的措施提出建议或做出决定（《联合国宪章》第 39 条）。根据《联合国宪章》第 41 条和第 42 条，理事会有权决定执行其决定所需采取的措施，从完全或部分中断与违反国际法国家的经济关系，到必要时使用海、陆、空部队执行其决定，都是维持或恢复和平与安全可以采取的措施。

实际上，安理会对授权使用武力具有法律垄断权。根据《联合国宪章》第 25 条规定，所有成员国在法律上都必须遵守其决定。安理会

（接上页注②）Sustaining Peace：Report of the Advisory Group of Experts on the Review of the Peacebuilding Architecture"，A/RES/69/968 - S/2015/490，2015 年 6 月 30 日；以及联合国妇女署发布的，"Preventing Conflict, Transforming Justice, Securing the Peace：A Global Study on the Implementation of United Nations Security Council Resolution 1325"，2015 年 10 月 12 日，https://reliefweb. int/sites/reliefweb. int/files/resources/UNW-GLOBAL-STUDY - 1325 - 2015. pdf。

① 参见亚当·罗伯特（Adam Roberts），多米尼克·塞奥姆（Dominik Zaum），"Selective Security：War and the United Nations Security Council since 1945"，*The Adelphi Series*，2008 年 6 月 30 日。

已经制定了 26 项制裁制度①，这些制度是根据不同的目标采取的不同措施。这些措施包括全面的经济和贸易制裁，以及武器禁运、旅行禁令和金融或商品限制等更有针对性的措施，它们根据当前局势而设计以支持和平过渡、阻止违宪政变、限制恐怖主义、保护人权和防止核扩散等。目前有 13 种制裁制度，每个制度由一个委员会（或由专家小组组成）监督和支持。②

安理会是一个由 15 个成员组成的小型执行机构。其中，5 个是常任理事国（通常称为 "P-5"）：中国、法国、俄罗斯（1991 年之前为苏联）、英国和美国。10 个（原为 6 个）是非常任理事国，由联合国大会选举产生，任期两年，只有当安理会认为一国的利益受到影响时，其他成员国才可以参与讨论，但没有表决权。③

非常任理事国的选举根据公平地理分布原则进行。按照惯例，有三国来自非洲、两国来自亚洲、一国来自东欧、两国来自拉丁美洲，还有两国来自西欧和其他地方。在本审查期开始时，安理会非常任理事国有玻利维亚、埃及、埃塞俄比亚、意大利、日本、哈萨克斯坦、塞内加尔、瑞典、乌克兰和乌拉圭。第 71 届联合国大会选出了科特迪瓦、赤道几内亚、秘鲁、科威特、波兰和荷兰作为非常任理事国，任期为 2018～2019 年。④

---

① 除了对伊拉克和黎凡特 "伊斯兰国"（Dàesh）、基地组织和塔利班的制裁之外，制裁对象还包括：南罗得西亚、南非共和国、前南斯拉夫、海地、伊拉克、安哥拉、塞拉利昂、索马里、厄立特里亚、利比亚、刚果民主共和国、科特迪瓦、苏丹、黎巴嫩、朝鲜民主主义人民共和国、伊朗、利比亚、几内亚比绍、中非共和国、也门和南苏丹。

② 有关安理会结构和组织概述，参见联合国安理会 "Security Council Subsidiary Bodies：An Overview," https://www.un.org/sc/suborg/en/。

③ 此外，如果联合国成员和非成员是安理会正在审议的争端的当事方，可邀请他们参加安理会的讨论，但无表决权。关于非成员国参与的条件，见安理会规则 37 和 38 "暂行议事规则"，http://www.un.org/en/sc/about//。

④ 作为与荷兰达成任期分配协议的一部分，意大利于 2017 年底放弃其席位。参见 ARUNA 2015/2016 第 2. A 章，Commentary by Jacques Fomerand，"The Security Council—A Crisis of Relevance?"，第 4～5 页。

安理会主席由 15 个成员国按其国名的英文字母排序轮流担任。安理会主席发挥着关键作用，他们可以通过开展特定主题讨论，与安理会成员、争端当事方和包括联合国秘书长或秘书长高级助理在内的其他各方协商，使其在表决形成之前达成共识，从而影响安理会的议程。

此外，安理会主席有权在总部内外发表不具法律约束力的《主席声明》，发表安理会对某一特定问题的看法。声明要求安理会成员之间达成共识。[①] 应该指出的是联合国秘书长及其代表或秘书处高级官员都必须通过正式或非正式推介和磋商广泛参与到安理会工作及其成果推动中来。[②] 正如下文所提及的，在所谓的"阿里亚准则"下，非政府组织和其他非国家行动者自 1992 年以来就有可能向安理会简要说明情况。[③]

安理会在联合国所在地不断展开工作（尽管它有时也会在其他地点召集成员并召开会议）。为了实现其工作目标和履行职能，安理会除了设立下文所提到的维和部门，还设立了附属机构——委员会和工作组——将重点放在具体问题的处理上，除了前文提到的制裁问题，还包括从程序问题到与反恐、维和行动和政治传讯有关的实质性问题等。[④] 安理会还设立了两个国际法庭，即前南斯拉夫问题国际刑事法庭（ICTY）和卢旺达问题国际刑事法庭（ICTR）。

ICTR 于 2015 年 12 月 31 日关闭，ICTY 于 2017 年年底关闭（2017

---

① 参见联合国安理会"暂行议事规则"2-3、7、18-20 和 27。

② 关于秘书作用的文献，请参阅西蒙·切斯特曼所著 *Secretary or General? The UN Secretary-General in World Politics*（纽约：剑桥大学出版社，2007）。

③ "准则"是以委内瑞拉的迭戈·阿里亚大使命名的，他提出了邀请非理事会成员国家在非正式会议上向理事会通报其所关注的事项的做法。此类会议是严格保密的，在安理会会议厅外举行，并由邀请成员主持。请参阅 Security Council, *Working Methods Handbook*, "Background Note on the 'Arria-Formula' Meetings of the Security Council Members", http://www.un.org/en/sc/about/methods/。

④ 参见《联合国宪章》第 29 条和安理会规则第 28 条规定，"暂行议事规则"，同前引述。

年 12 月 21 日正式关闭）。它们的职能由安理会于 2012 年 12 月 22 日设立的国际刑事法庭（MICT）接管。安理会就特设国际刑事法庭举行半年辩论。并成立和平委员会（PBC）作为安理会和联合国大会的咨询机构。

除了设立临时刑事法院、计划和预算委员会以及实施有针对性的制裁之外，随着时间的推移，安理会大大扩大了其政策工具范围，包括预防性外交、部署传统和复杂的和平行动、授权过渡行政当局、谴责以性暴力作为战争工具、加强监测程序和反恐措施等。自 1994 年起，在《联合国宪章》第 29 条扩大的职权范围内，安理会可派遣特派团前往外地。特派团成员包括安理会成员代表，甚至是联合国秘书长[①]。

随着时间的推移，安理会逐步发展起来的另一个程序是"专题讨论"。安理会每年都会进行一般性讨论，重点探讨一般性问题或区域特定问题。通常，讨论主题是由安理会主席在同安理会成员广泛协商后决定的；它们反映了安理会主席的政治利益、关注事项以及一些未明说的目标，诸如提高现任国家形象等。在这种情况下，赞助代表团可以发表"概念文件"以强调需要安理会注意和采取行动的问题。安理会非常任理事国特别重视这一做法，因为这使它们能够对安理会的规则和运作结果施加一定程度的影响。某些议题——武装冲突中保护平民、武装冲突中的儿童、妇女、和平与安全——现在每年、每两年或每三个月定期讨论。参与一般性讨论的成员差异很大，但通常涉及部长级官员（有时包括国家元首和政府首脑）、秘书长或其高级助理

---

① "安理会惯例"和"安理会和秘书长的使命"可查阅 http：//www. un. org/en/sc/repertoire/. . sht 和 http：//www. un. org/en/sc/repertoire/sub-. s/. . shtml，安理会报告，2013 年 6 月月度预测，"In Hindsight：Security Council Visiting Missions"，2013 年 5 月 31 日，http：//www. securitycouncilreport. org/monthly-forecast/2013 - 06/in_hindsight_security_council_visiting_missions. php。

以及有关国际组织的代表。若一般性讨论涉及重大利益冲突，则会有大量代表团参与。根据达成协商的一致程度，基于前任主席的"概念说明"或联合国秘书长的报告构成的专题讨论，会出台规范的主席声明、新闻声明或决议。

安理会有两种投票制度。在程序问题上，任何 9 个成员投赞成票都可以通过；但在实质性问题上，所需的 9 票赞成票中必须包括 5 个常任理事国的赞成票。这种"五大"一致的要求体现了所谓的"否决权"。实际上，在大多数实质性问题上，安理会没有将常任理事国的弃权视为否决权。否决权阻碍联合国采取许多实质性行动，但它体现了重大危机的解决需要大国达成一致的现实。同样，如上所述，主席声明和新闻声明要求安理会所有成员达成共识。同样的规则也适用于安理会的制裁委员会及其工作组（它们也是以协商一致方式运作的）。

与前几年的情况一样，安理会在本报告所述期间议程依然紧凑。正式会晤 274 次，涉及不少于 35 个国家和地区问题，其中 18 个在非洲地区［布隆迪、中非共和国、科特迪瓦、刚果民主共和国、厄立特里亚、大湖区、几内亚比绍、乍得湖流域、伊比利亚、利比亚、马里、索马里、南苏丹、苏丹（达尔富尔）、中非、西非、西撒哈拉，以及与非洲有关的一般性问题］；2 个在拉丁美洲地区（哥伦比亚和海地）；4 个在亚洲地区（阿富汗、朝鲜、缅甸和中亚地区）；4 个在欧洲（波斯尼亚和黑塞哥维那、塞浦路斯、科索沃和乌克兰）；7 个在中东［戈兰高地（以色列/叙利亚）、以色列/巴勒斯坦、伊朗、伊拉克、黎巴嫩、叙利亚和也门］。①

安理会对非洲和中东的重视也反映在这两个地区通过的决议和总统声明的数量上。在安理会通过的 70 项决议中，有 26 项涉及非洲，

---

① 有关安理会讨论国家和区域问题的全面概述，参见安理会报告 "Country and Regional Issues"，http://www. security-councilreport. org/country-regional-issues. php。

15 项涉及中东。同样，23 份主席声明中有 17 份是关于非洲的，5 份是关于中东的。① 值得注意的是，安理会对反恐的持续重视也是导致这些地区备受关注的原因。一些针对具体国家的决议（例如利比亚和马里）与恐怖主义问题有关，但是，安理会还通过了至少 6 项决议，重点关注恐怖主义这一全球性问题。

这里对安理会的投票方式进行总结。在过去的一年中，安理会在协商一致的基础上，有至少 63 项决议获得一致通过；只有 3 次遭到否决，所涉及的问题都与中东有关。② 由于缺乏足够多的赞成票，2016 年 12 月 23 日，安理会未能通过联合国秘书长关于苏丹和南苏丹报告的决议。③ 这些数字与安理会在公众心中分裂和瘫痪的形象不符，这一点将在下文提出的案例研究中重新讨论。

二　安理会在特定领域工作概况

（一）冲突解决

安理会继续依靠各种各样不同的干预手段来应对不断变化性质的和平与安全问题所带来的挑战，尤其是复杂的相互交织的安全上的"异花授粉"问题。安理会的工作基础是其对和平行动和政治使命的依赖。

2016 年 6 月 30 日~2017 年 6 月 30 日，安理会已授权 16 项维和行

---

① 参见安理会网站，可见板块 "Security Council resolutions"，http://www.un.org/en/sc/documents/resolutions/，以及板块 "Presidential statements"，http://www.un.org/en/sc/documents/statements/。

② 安理会决议草案：S/2016/846，2016 年 10 月 8 日；S/2016/1026，2016 年 12 月 5 日；S/2017/172，2017 年 2 月 28 日；以及 S/2017/315，2017 年 4 月 12 日。决议草案被中国、俄罗斯联邦否决。详见安理会会议：S/PV.7785，2016 年 10 月 8 日；S/PV.7825，2016 年 11 月 5 日；S/PV.7893，2017 年 2 月 28 日；以及 S/PV.7922，2017 年 4 月 12 日。

③ 参见安理会会议：S/PV.7850，2016 年 11 月 23 日，以及安理会主席的新闻声明：SC/12653，2016 年 11 月 23 日。

动，军事和文职人员总数达到 112294 人，费用达 87.7 亿美元。① 根据 2016 年 4 月 28 日第 2284 号决议，联合国科特迪瓦行动于 2017 年 6 月 30 日结束。② 2017 年 4 月 1 日，安理会延长联合国海地稳定特派团（联海稳定团）的任务期限，执行最后的任务。6 个月后，取而代之的是规模较小的后续行动，以协助海地政府努力加强法治建设，进一步发展海地国家警察，并监测该国人权水平。③ 维和行动由维持和平行动部和秘书处外勤支援部监督。

目前，安理会已设立"特别政治任务处"，从事预防冲突、建立和平和冲突后建设和平等工作，由政治事务部管理，联合国在非洲④和亚洲⑤各有 5 个外地特派团。如下文所述，2017 年 7 月 10 日，安理会改变了一年前在哥伦比亚设立的特别政治任务处的任务。⑥

此外，这里还应感谢联合国秘书长特使和特别顾问的"善举"，他们为解决诸如布隆迪、塞浦路斯、大湖区、也门、苏丹和南苏丹、叙利亚和西撒哈拉等地区的冲突，或防止种族灭绝，提供"斡旋"，

---

① 参见联合国维和网站 "Investing in Peace"，http://www. un. Org/En/Realths/Actudio/。

② 参见安理会决议 "科特迪瓦局势" 第 2. C 章，S/RES/2284（2016），2016 年 4 月 27 日；另见安理会会议，S/PV.7681，2016 年 4 月 28 日，以及安理会主席的新闻声明，SC/12342，2016 年 4 月 28 日。

③ 参见安理会决议 "关于海地的问题" 的 *ARUNA 2016/2017* 第 2. C 章，S/RES/2350（2017），2017 年 4 月 13 日；另见安理会会议，S/PV.7920，2017 年 4 月 11 日，以及安理会主席的新闻声明，SC/12789，2017 年 4 月 11 日。

④ 联合国几内亚比绍建设和平综合办事处（UNIOGBIS）、联合国中部非洲区域办事处（UN-OCA）、联合国西非和萨赫勒办事处（UNOWAS）、联合国利比亚支助团（UNSMIL）和联合国援助索马里任务（UNSOM）。

⑤ 联合国阿富汗特派团（UNAMA）、联合国中亚预防性外交中心（UNRCCA）、联合国伊拉克援助团（UNAMI）、联合国中东和平进程特别协调员办公室（UNSCO）和联合国黎巴嫩问题特别协调办公室（UNSCOL）。有关完整概述，请参见联合国政治事务部，"Overview"，http://www. un. org/undpa/en/in-the-field/overview。

⑥ 参见安理会决议 *ARUNA 2015/2016* 第 2. C 章，"Identical Letters Dated 19 January 2016 from the Permanent Representative of Colombia to the United Nations addressed to the Secretary-General and the President of the Security Council"，S/RES/2261（2016），2016 年 1 月 25 日；另见安理会会议，S/PV.7609，2016 年 1 月 25 日；以及安理会主席的新闻声明，SC/12218，2016 年 1 月 25 日。

在安理会授权之下做了大量贡献。

安理会是一个非常重要的政治机构。国家利益总在庄严的仪式和程序之下若隐若现，甚至可能凌驾于其他所有考虑之上，特别是当议题涉及常任理事国时更是如此。但是，从长远来看，除了少数几个问题（特别是中东问题）外，安理会大多数时间是在协商一致的基础上运作的，特别是在非洲问题上。① 这一趋势在安理会去年的工作中再次显现。

但是通过下文的案例，我们会发现安理会是否采取行动不仅取决于大国意见是否一致，还取决于其他因素，比如当地各方遵守停火与和平协定的决心，区域国家的参与性质以及安理会干预的时机等。干预的结果各不相同，有的陷入了完全僵局，有的是避重就轻或只是解决了皮毛问题，也有的能抓住关键点成功解决问题。

1. 大国僵局：乌克兰

从一开始，乌克兰危机就使安理会中出现对峙，即俄罗斯联邦与美国、法国和英国（所谓的 P3）。这种紧张局势不仅导致安理会无法决策，联合国也被边缘化，在这种情况下，欧洲安全与合作组织（OSCE）和欧洲联盟（EU）发挥了作用。② 在冲突的初始阶段，即2014～2015年，此事在安理会正式议程中举足轻重，但自那以后，它逐渐淡出人们的视线，在正式公开会议或为应对暴力事件和当地紧张局势而召开的阿里亚规则会议下被视作"任何其他业务"处理。③ 因此，在本报告所述期间，该主题仅重复出现两次，都是在乌克兰作为安理会轮值主席国期间提出的。是在敌对行动爆发之后，于 2017 年 2

① 安理会报告，2014 年 1 月月度预测，"In Hindsight: Consensus in the Security Council"，2013 年 12 月 20 日，http://www.securitycouncilreport.org/monthly-forecast/2014 - 01/in_hindsight_consensus_in_the_security_council. php。

② 参见 *ARUNA 2014/2015* 第 2. A 章，Jacques Fomerand 的评论，"The Security Council—Plus Ça Change…?"，第 4～11 页，ARUNA 2015/2016 第 2. A 章，op. cit.，第 4～13 页。

③ 关于这一点，参见本书第 59 页"阿里亚规则会议"。

月2日应乌克兰的要求举行的关于乌克兰局势的公开会议，由政治事务部（DPA）、人道主义事务协调厅（OCHA）和欧安组织（OSEC）通报了情况。①

另一次则是2017年2月21日，安理会在乌克兰外交部长主持下，召开欧洲冲突冻结的公开讨论会。会议伊始，乌克兰抢在联合国秘书长、欧安组织秘书长和欧洲对外行动处秘书长通报情况之前发布了一份通报，提出旷日持久的冲突对国际和平构成严重威胁的观点，以引起安理会关注。乌克兰还请安理会指示其如何"处理冲突各方没有履行现有协定和决议规定义务的政治意愿的情况"。② 鉴于乌克兰这些公开的政治目的，这两次会议均未达成任何后续行动内容也就不足为奇了。

2. 大国僵局：叙利亚

随着叙利亚内战持续到第六个年头，巴沙尔·阿萨德总统在叙利亚外国盟友（尤其是俄罗斯联邦）的军事和财政支持下似乎占了上风。在失去了美国的大部分援助之后，反政府军开始衰落。土耳其和库尔德地区势力已经划分出地方势力范围，而"伊斯兰国"被迫放弃它控制的领土。暴力事件可能在全国部分地区逐渐消失，有一种令人毛骨悚然的常态感。这场危机被许多人描述为我们这个时代最严重的人道主义灾难，有1300多万人需要援助，已经造成48万人死亡，一半人口流离失所，50多万人被迫到国外避难。③

---

① 参见安理会会议，S/PV.7876，2017年2月2日，安理会主席的新闻声明，SC/12704，2017年2月2日，以及安理会报告，What's in Blue，"Meeting on the Situation in Ukraine"，2017年2月1日，http://www.whatsinblue.org/2017/02/meeting-on-the-situation-in-ukraine-1.php。

② 参见2017年2月21日S/PV.7886安理会会议和安理会主席的新闻声明，SC/12724，以及安理会报告，What's in Blue，"Open Debate on Conflicts on Europe and Briefing by OSCE Chairperson-in-Office"，2017年2月20日，http://www.whatsinblue.org/2017/02/open-debate-on-conflicts-in-europe-and-briefing-by-the-osce-chairperson-in-office.php。

③ Ben Hubbard，"As Syrian War Drags on, Assad's Grip Tighten"，*N. Y. Times*，2017年9月26日，p. A1.

目前，安理会的政治联盟没有改变，俄罗斯及一些南方国家所主张的主权与不干涉逻辑继续盛行，要么使安理会完全陷入困境，要么对危机做出前后不一、摇摆不定的政治和人道主义回应。①

在本报告期内，至少四轮投票使安理会陷于瘫痪。2016 年 10 月 8 日，俄罗斯伙同委内瑞拉（安哥拉和中国弃权）投票反对法国和西班牙提出的要求结束在阿勒颇上空的军事飞行的决议草案。② 2016 年 12 月 5 日，俄罗斯和中国双重否决，扼杀了埃及、新西兰和西班牙提出的要求对阿勒颇的所有袭击暂停 7 天的要求。③ 2017 年 2 月 28 日，中国和俄罗斯否决了另一项决议（对涉嫌使用化学武器的个人和组织实施制裁）。④ 在 2017 年 4 月 4 日，一次可疑的化学袭击造成大量平民丧生，两天后美国发动了报复性导弹袭击，而俄罗斯否决了一份谴责。⑤

与此同时，联合国日内瓦办事处促成了叙利亚政府与反对派之间的"便利谈判"。该谈判于 2016 年 1 月 29 日在秘书长特使斯塔凡·德米斯图拉（Staffan de mistura）的指导下开始，并在联合国调停人的努力下继续进行。最后一轮"叙利亚内部会谈"于 2016 年 7 月 10～15 日举行。重点是组建过渡政府、制定未来宪法、举行自由议会选举，以及联合反恐战争等内容。但会议以"渐进式进展"结束，没有实现"突破"。另一次会议（第七次会议）计划于 2017 年 10 月底或 11 月

---

① 参见 *ARUNA 2014/2015* 第 2.A 章，同前引述，第 4～16 页，以及 *ARUNA 2015/2016* 的第 2.A 章，同前引述，第 4～17 页。

② 2016 年 10 月 8 日，安理会会议，S/PV.7785，安理会主席的新闻声明，SC/12545，2016 年 10 月 8 日。

③ 委内瑞拉也投了反对票，安哥拉再次弃权；见安理会会议，S/PV.7825，2016 年 12 月 5 日，以及安理会主席的新闻声明，SC/12609，2016 年 12 月 5 日。

④ 玻利维亚也投了反对票，而埃及、埃塞俄比亚和哈萨克斯坦投了弃权票；见安理会会议，S/PV.7893，2017 年 2 月 28 日，以及安理会主席新闻声明，SC/12737，2017 年 2 月 28 日。

⑤ 玻利维亚再次投反对票。中国、埃塞俄比亚和哈萨克斯坦弃权；见安理会会议，S/PV.7922，2017 年 4 月 12 日，安理会主席新闻声明，SC/12791，2017 年 4 月 12 日。

初举行。[1]

在所谓的"化学武器"问题上，人们会记得俄罗斯和美国之间达成的模糊共识，允许安理会通过要求核查和销毁叙利亚化学武器的决议，谴责使用有毒化学品，并强调相关方应切实承担起责任，而不是相互指责。[2] 2017 年 6 月 29 日，禁止化学武器组织（OPCW）（负责监督进程）告知安理会，27 个叙利亚化学武器生产设施中有 25 个已被拆除。[3] 在另一份报告中，禁止化学武器组织宣布正在调查 2017 年 4 月 4 日的袭击事件。[4] 现在仍不确定这些举措是否最终会导致任何形式的报复性结果。

3. 地区僵局：布隆迪

自 2015 年 4 月现任总统皮埃尔·恩库伦齐扎宣布连任第三届布隆迪总统以来，布隆迪一直陷入政治不稳定和暴力之中。三个月后，他继续连任，导致一场以严重侵犯人权为特征的低强度冲突的发生，由于是在种族分裂和冲突两极分化的背景下发生的，这些冲突让人想起

---

① 联合国新闻中心，"Syrian parties should join next round of Geneva talks 'without preconditions' —UN envoy", 2017 年 9 月 27 日，http://www. un. org/apps/news/story. asp? NewsID = 57760#. WdI77UyZOgQ；联合国新闻中心，"Syria talks end with 'incremental progress' but 'no breakthrough' —UN envoy", 2017 年 7 月 15 日，http://www. un. org/apps/news/story. asp? NewsID = 57188#. WdI8HkyZOgQ（第七次会议于 2017 年 10 月底至 11 月中旬召开——译者注）。

② 参见 ARUNA 2013/2014 第 2. D 章，安理会决议，"Middle East", S/RES/2118（2013），2013 年 9 月 27 日；另见安理会会议，S/PV. 7038，2013 年 9 月 27 日，以及安理会主席新闻声明，SC/11135，2013 年 9 月 27 日；以及安理会决议 ARUNA 2014/2015 第 2. C 章，"Middle East", S/RES/2209（2015 年），2015 年 3 月 6 日；另见安理会会议，S/PV. 7401，2015 年 3 月 6 日，以及安理会主席的新闻声明，SC/11810，2015 年 3 月 6 日。

③ 安理会文件，"Letter dated 29 June 2017 from the Secretary-General addressed to the President of the Security Council, Note by the Director-General of the Organisation for the Prohibition of Chemical Weapons：Progress in the elimination of the Syrian chemical weapons programme", S/2017/564，2017 年 6 月 30 日。

④ 安理会文件，"Letter dated 30 June 2017 from the Secretary-General addressed to the President of the Security Council, Note by the Technical Secretariat：Report of the OPCW Fact-finding Mission in Syria Regarding an Alleged Incident in Khan Shaykhun, Syria Arab Republic, April 2017", S/2017/567，2017 年 6 月 30 日。

了 20 世纪 90 年代卢旺达令人毛骨悚然的经历。① 危机一开始，政府官员就斥责示威者是"罪犯、恐怖分子，甚至国家的敌人"②，并坚持认为这属于内部问题。因此，安理会的反应在向政府施加压力的范围和性质上已经动摇——如果有的话——试图促使政府与反对党进行对话，其中一些成员赞成有针对性的制裁，而另一些成员则认为危机是国内宪法问题，不适用国际制裁。③ 2016 年 7 月 29 日，安理会最终达成了尴尬的妥协，以 11 票赞成、0 票反对、4 票弃权（安哥拉、中国、埃及和委内瑞拉）通过一项决议，在布隆迪设立由 228 名警官组成的警察部门，最初为期一年，以监测布隆迪的安全情况并协助人权事务高级专员办事处（OHCHR，人权高专办）监测侵犯人权的行为。④

然而，为了达成共识而假装"同意"，未能使安理会克服布隆迪政府拒绝执行第 2303 号决议的问题。在整个审查期间，布隆迪已停止与人权高专办的所有合作，拒绝与人权理事会授权的调查委员会打交道，并已退出国际刑事法院。⑤ 由东非共同体牵头的"布隆迪内部对话"处于停顿状态。在布隆迪国内，政府继续声称不存在危机，而反对派要求建设过渡政府以及取消计划在 2020 年举行的总统选举。

联合国高级官员，包括负责预防冲突问题的秘书长特别顾问，多

---

① 据联合国难民署最新统计数据，40 多万人逃离暴力在邻国避难，20 多万人（约占总人口的2%）在国内流离失所，ReliefWeb，"Burundi：Bulletin Humanitaire"，issue 05，2017 年 6 月 25 日，https：//reliefweb. int/report/burundi/burundi-bulletin-humanitaire-issue-05-juin-2017。

② BBC 新闻网 2015 年 5 月 2 日报道，"Burundi Calls Opposition Protesters 'Terrorists'"，http：//www. bbc. com/news/world-afrICA 32566 213。

③ 参见 ARUNA 2015/2016 第 2. A 章，同前引述，第 4～25 页。

④ 参见安理会决议，ARUNA 2015/2016 第 2. C 章，"The situation in Burundi"，S/RES/2303 (2016)，2016 年 7 月 29 日；另见安理会会议，PV/7752，2016 年 7 月 29 日，以及安理会主席的新闻声明，SC/12469，2016 年 7 月 29 日。

⑤ 调查委员会是人权理事会 2016 年 9 月 30 日第 A/HRC/RES/33/24 号决议设立的。其最后报告为人权理事会文件"Report of the Commission of Inquiry on Burundi"，A/HRC/36/54，2017 年 8 月 11 日。该报告证实了布隆迪政府存在持续严重侵犯人权行为，并找到了其犯下的危害人类罪的证据。调查委员会要求国际刑事法院自 2015 年 4 月开始调查布隆迪局势。

次向安理会通报这些事态发展。① 同样，安理会在完成对布隆迪关于"公约"执行情况报告的审查工作时，必须了解消除妇女歧视委员会（CEDAW）所表达的"严重关切"。②

尽管如此，安理会仍陷入僵局。美国、法国和西班牙希望联合国秘书长能够说服布隆迪变得更加通融。俄罗斯和安理会非洲成员强调，需要为联合国与布隆迪的接触建立一个全新的基础。可以预见的是，语言取代了行为。在两份新闻声明中，安理会只是对布隆迪的人道主义和人权状况以及与布隆迪内部对话进展缓慢表示关切，并呼吁执行第2303号决议。③ 在2017年8月2日由法国签署的主席声明中，安理会重申了这些观点。安理会没有明确要求进一步部署警察部门，而是表示全力支持联合国秘书长促成布隆迪政府参与执行第2303号决议，重申布隆迪各利益相关方必须无条件参与安理会与该国的对话在，并敦促布隆迪政府允许恢复人权高专办在该国的活动。④

4. 反恐：没有达成协定的趋同

尽管安理会成员之间没有就恐怖主义和反恐中各种优先事项达成

---

① 安理会报告，What's in Blue，"Briefing on Burundi"，2017年3月8日，http://www.whatsinblue.org/2017/03/briefing-on-burundi-2. php；安理会报告，What's in Blue，"Briefing on Burundi"，2017年6月19日，http://www.whatsinblue.org/2017/06/briefing-on-burundi-3. php；以及安理会报告，What's in Blue，"Burundi Briefing and Consultations"，2017年7月25日，http://www.whatsinblue.org/2017/07/burundi-briefing-and-consultations-3. php. 关于会议记录，见2017年6月20日的安理会会议，S/PV.7978，以及2017年7月26日的安理会会议，S/PV.8013。

② 委员会的结论性意见和建议于2016年11月8日通过，见 "Concluding Observations on the Combined Fifth and Sixth Periodic Reports of Burundi"，《消除对妇女一切形式歧视公约》，CEDAW/C/BDI/CO/5－6，2016年11月25日。

③ 2016年10月14日，安理会主席新闻声明，SC/12554；以及2017年3月13日，安理会主席的新闻声明，SC/12750。

④ 安理会报告，What's in Blue，"Burundi Presidential Statement"，2017年8月1日，http://www.whatsinblue.org/2017/08/burundi-presidential-statement. php. 参见2017年8月2日安理会会议，S/PV.8016和2017年8月2日安理会主席新闻声明，SC/12937。2017年3月9日理事会讨论了秘书长的报告；可见2017年2月23日安理会文件，"Report of the Secretary-General on Burundi"，S/2017/165。关于会议记录，见2017年3月9日安理会会议，S/PV.7895。

共识，但安理会内部在扩大打击全球恐怖主义行动范围方面已达成充分共识，这反映在 2006 年联合国全球反恐战略中。该战略的四大支柱为控制有利于恐怖主义蔓延的条件，预防恐怖主义，加强国家能力，并确保法治和人权。[①] 在本报告所述期间，安理会深化行动，建立多部门预防性反应体系，认识到所涉问题的复杂性和相关性，以及它们之间的区域和全球安全联系。过去一年，安理会集中讨论以下四组议题，同时授权就其在议程上的事项采取进一步行动。

民航

安理会长期以来一直关注国际民用航空组织（ICAO）在执行反恐战略方面的重要作用。[②] 2016 年 9 月 22 日，由新西兰提议，安理会举行了关于民用航空恐怖主义威胁的部长级公开讨论，结果通过了一项决议，该决议没有对成员国施加新的法律义务，而是要求它们有效实施国际民航组织的国际安全标准，并加强其职权范围内的机场的安保措施。[③]

防扩散

如何应对技术进步和贸易带来的日益严重的扩散风险，也是安理会长期关注的问题，直到 2004 年 4 月 28 日通过的安理会[④]，该决议要

---

① 参见 *ARUNA 2014/2015* 第 2. A 章，同前引述，第 4～19 页至第 4～22 页。同时，理事会设立了精心设计的附属反恐机制，涉及三个委员会（由专家组支持的各种职责，并有权进行国别访问和组织培训方案）。自 2016 年以来，委员会主席每年向理事会报告。见安理会反恐怖主义委员会，"Security Council Briefing by Three Committees on Counter-terrorism Efforts and Non-proliferation"，2017 年 5 月 12 日，https://www.un.org/sc/ctc/blog/2017/05/12/security-council-briefing-by-three-committees-on-counter-terrorism-efforts-and-non-proliferation/。

② 在这一点上，参见安理会决议，"Threats to International Peace and Security Caused by Terrorist Acts"，S/RES/1617 (2005)，2005 年 7 月 29 日，以及安理会决议，*ARUNA 2014/2015*《安全公约》第 2. C 章，"Threats to International Peace and Security Caused by Terrorist Acts"，S/RES/2178 (2014)，2014 年 9 月 24 日。

③ 参见安理会决议，"恐怖行为对国际和平与安全的威胁：航空安全"的 *ARUNA 2016/2017* 第 2. C 章。S/RES/2309 (2016)，2016 年 9 月 22 日；另见安理会会议，S/PV.7775，2016 年 9 月 22 日，以及安理会主席的新闻声明，SC/12529，2016 年 9 月 22 日。

④ 安理会决议，"不扩散大规模杀伤性武器"，S/RES/1540 (2004)，2004 年 4 月 28 日。

求成员国根据宪章第七章并在一个委员会（所谓的"1540 委员会"）的监督下，制定和执行适当的法律和管制措施，以防止向非国家行为者使用大规模杀伤性武器。2011 年 4 月 20 日，结束对"1540 委员会"工作的审查①，它将委员会的任务期限延长十年，并要求在 2016 年底之前进一步审查。这个过程是在 2015 年 4 月启动的。2016 年 5 月 4 日安理会审查了"1540 委员会"的初步调查结果，并提供了 2016 年 8 月 23 日马来西亚举办公开讨论的背景。② 最终，在另一场主题为"防止灾难：制止非国家行为者扩散大规模毁灭性武器的全球议程"③ 公开辩论后，其建议在 2016 年 12 月 15 日得到安理会批准。④ 在该决议中，安理会强调全面执行"1540 委员会"规定的重要性，包括建立防止扩散的国内管制和通过禁止任何非国家行为者制造、获取、拥有、发展、运输或使用大规模毁灭性武器的立法。2017 年 6 月 28 日，为表明安理会对此的持续和高度关切，玻利维亚又组织了一次关于"防止非国家行为者扩散大规模毁灭性武器的全球努力"公开辩论。⑤

司法合作

加强打击恐怖主义的国际司法合作的必要性可以追溯到安理会 2001 年 9 月 28 日的决议⑥。要求各国"确保将任何参与资助、计划、准备或实施恐怖行为或支持恐怖行为的人绳之以法"，并"相互提供

---

① 参见 ARUNA 2010/2011 第 2. B. 2 章，安理会决议，"Non-proliferation of Weapons of Mass Destruction"，S/RES/1977（2011），2011 年 4 月 20 日。

② 安理会会议，S/PV. 7686，2016 年 5 月 4 日；安理会会议，S/PV. 7758，2016 年 8 月 23 日。

③ 安理会会议，S/PV. 7837，2016 年 12 月 15 日。

④ 参见联合国安理会关于决议"Non-proliferation of Weapons of Mass Destruction"的 ARUNA 2016/2017 第 2. C 章，S/RES/2325（2016），2016 年 12 月 15 日。

⑤ 2017 年 6 月 28 日，安理会会议，S/PV. 7985，以及 2017 年 6 月 28 日，安理会主席的新闻声明，SC/12888。详情见安理会报告，What's in Blue，"Open Debate on Non-Proliferation of Weapons of Mass Destruction"，2017 年 6 月 27 日，http://www. whatsinblue. org/2017/06/open-debate-on-non-proliferation-of-weapons-of-mass-destruction. php。

⑥ 安理会决议，"Threats to International Peace and Security Caused by Terrorist Acts"，S/RES/1373（2001），2001 年 9 月 28 日。

最大程度的援助"。在此背景下，西班牙于 2016 年 12 月 12 日组织了一次关于反恐国际司法合作的高级别介绍会。会上一致通过一项决议，该决议敦促成员国"酌情"通过审查和更新有关恐怖主义犯罪的引渡和互助法律、任命联络官以及使用联合和跨境侦查机制。决议还要求反恐怖主义委员会（CTC）［监测安理会第 1373（2001）号决议实施情况的委员会］查明目前国际司法合作实践中任何长期存在的差距和技术援助需求。①

保护关键基础设施

乌克兰是这项决议的主要推动者，该决议指示反恐委员会继续审查成员国保护其"关键基础设施"的工作。"关键基础设施"指的是银行和金融机构、电信、紧急服务、航空、海运、铁路运输以及能源和水供应。乌克兰总统提醒大家注意"混合战争"带来的挑战，并在2016 年秋季高级别会议期间提出了这个问题。② 几个星期后，2016 年11 月 21 日，乌克兰组织了关于同一主题的第一次阿里亚规则会议（见表 2 - 1），随后，2017 年 2 月 13 日，安理会主席就同一主题进行公开讨论。它导致一项决议的通过，该决议鼓励所有国家做出一致协调的努力，提高认识并扩大对恐怖主义袭击挑战的知识，以便做好准备，预防、减轻和应对其对国家基础设施的攻击。安理会还指示反恐

---

① 参见安理会决议，*ARUNA 2016/2017* 第 2. C 章，"Threats to International Peace and Security Caused by Terrorist Acts"，S/RES/2322（2016），2016 年 12 月 12 日；另见安理会会议，S/PV. 7831，2016 年 12 月 12 日，以及安理会主席的新闻声明，SC/12620，2016 年 12 月 12 日。详情见安理会报告，What's in Blue，"Briefing and Resolution on International Judicial Co-operation on Counter-Terrorism"，2016 年 12 月 11 日，http：//www. whatsinblue. org/2016/12/briefing-and-resolution-on-international-judicial-cooperation-on-counter-terrorism. php。该决议建立在安理会 2010 年批准的指导方针的基础上，旨在使成员国能够履行安理会 2001 年 9 月 28 日第 S/RES/1373（2001）号决议规定的法律义务。

② 奥雷克谢·沃勒维奇（Oleksiy Volovych），"Ukraine's Diplomatic Achievements at the UN General Assembly in 2016"，Borysfen Intel/Independent Analytical Center for Geopolitical Studies，2016 年 9 月 24 日，http：//bintel. com. ua/en/article/diplomatichni-zvitjagi-ukraini-na-genasamble-oon-2016/。

委员会继续审查成员国保护重要基础设施的工作，以"查明该领域的良好做法、差距和弱点"。①

后续行动

虽然安理会在相对新颖的领域深化其行动，但对在议程上已存在一段时间的事项保持着高度警惕。在 2016 年 5 月 11 日的公开讨论中，安理会发表了一项主席声明，要求反恐委员会向安理会提出关于建立"全面国际框架"的提议，以打击恐怖主义言论，安理会于 2017 年 5 月 24 日批准了该项提议。争论的焦点在于是否将安全措施与人权准则相协调。决议以较为宽泛的语言回避了这一问题，将该国际框架的执行交由会员国国内司法自主决策，条件是这些国家打击恐怖主义的措施仍然符合人权、难民法和国际人道主义法。两个月后，安理会更新并延长了对"伊斯兰国"（达伊什）和"基地"组织的制裁措施。②

最后，在 2017 年 8 月 2 日，安理会举行了关于防止恐怖分子获取武器方式方法的介绍会。这个问题与 2013 年"武器贸易条约"有关，玻利维亚、中国、埃及、埃塞俄比亚、哈萨克斯坦、俄罗斯和美国尚未签署该条约。最后草案绕过了该问题，只是呼吁成员国考虑成为条约缔约国，并使用先前商定的措辞重申成员国有义务不向参与恐怖行为的个人和实体提供任何形式的支持。此外，反恐委员会的任务是监

---

① 参见 *ARUNA 2016/2017* 第 2. C 章，安理会决议，"Threats to Interna-tional Peace and Security Caused by Terrorist Acts"，S/RES/2341（2017），2017 年 2 月 13 日；另见安理会会议，S/PV. 7882，2017 年 2 月 13 日，以及安理会主席的新闻声明，SC/12714，2017 年 2 月 13 日。

② 参见 *ARUNA 2016/2017* 第 2. C 章，安理会决议，"The Situation in Cyprus"，S/RES/2369（2017），2017 年 7 月 27 日。这项决议是对安理会决议的更新，"Threats to International Peace and Security Caused by Terrorist Acts"，S/RES/2253（2015），2015 年 12 月 17 日（见 *ARUNA 2015/2016* 第 2. C 章），其中包含一项规定，安理会将审查制裁措施。"考虑到他们可能进一步加强"在 18 个月内通过。有关细节请参阅安理会的报告，即"What's in Blue, Resolution on ISIL（Da'esh）& Al-Qaida Sanctions Regime Adopted Today"，2017 年 7 月 20 日，http://www.whatsinblue.org/2017/07/resolution-on-isil-daesh-al-qaida-sanctions-regime-adopted-today. php。

督各成员国工作，并对良好做法、差距和弱点加以区分。①

5. 乌云终于散去：哥伦比亚

2016 年 6 月 23 日，哥伦比亚政府和哥伦比亚革命武装部队（FARC）达成停火协议，结束了长达 50 年的内战。这场战争是由经济、政治和社会等因素共同导致的。10 月 2 日举行的公民投票否决了停战协议，但哥伦比亚立法机关最终在 2016 年 11 月 30 日批准了停战协议的修订版本（即所谓的《结束冲突和建立持久稳定和平的最后协议》）。

该战争造成 22 万多人死亡，其中大多数是平民，500 多万人流离失所（世界第二大境内流离失所人口）。然而，由于各种战略和政治原因（其中之一是美国直接参与冲突，作为其冷战遏制政策的一部分），安理会从未处理过这个问题，联合国仅仅发挥了人道主义作用。然而，和平协议确实规定了联合国的作用。哥伦比亚总统和哥伦比亚革命武装力量领导人在给安理会的信中要求"联合国应该成立由拉丁美洲和加勒比国家共同体成员国观察员组成的政治代表团，参与到监测、核查停火协议、督促双方停止敌对行动和放弃武器等工作中来"。②

2016 年 1 月 25 日，安理会一致决定成立一个负责监测和核查停火协定和停止敌对行动的政治组织③，并请联合国秘书长就该组织规模、职能给出详细建议。④ 2016 年 9 月 13 日，安理会对和平协定表示欢迎，并赞同联合国秘书长关于在该国国内 40 个地区部署 450 名非武装观察员的建议，作为广泛核查机制的国际组成部分，负责核实裁军

---

① 安理会会议，S/PV. 8017 和安理会主席新闻声明，SC/12938，2017 年 8 月 2 日。

② 安理会文件，"Identical Letters Dated 19 January 2016 from the Permanent Representative of Colombia to the United Nations addressed to the Secretary-General and the President of the Security Council, Annex"，S/2016/53，2016 年 1 月 22 日。

③ 参见 *ARUNA 2015/2016* 第 2. C 章，安理会决议，"Identical letters dated 19 January 2016 from the Permanent Representative of Colombia to the United Nations addressed to the Secretary-General and the President of the Security Council"，S/RES/2261（2016），2016 年 1 月 25 日。

④ 安理会会议，S/PV.7609 和安理会主席新闻声明，SC/12218，2016 年 1 月 25 日。

进程、监测停火协定和停止敌对行动等。^① 此后，安理会在支持哥伦比亚和平进程方面继续保持团结，特别是派遣了乌拉圭和英国（支持者）率领的访问团。在此过程中，它鼓励哥伦比亚政府和哥伦比亚革命武装力量在执行和平协定方面继续合作。^②

根据 2016 年 11 月最终协议以及哥伦比亚总统的正式请求^③，安理会成立后续特派团，作为联合国哥伦比亚联合特派团的继任者，其任务是核查最后协定执行情况，重点关注哥伦比亚革命武装力量长期以来在政治、经济和社会重新融合方面的问题，个人和集体安全保障以及受冲突影响地区内社区和组织的安全和保护措施等。该任务从 2017年 9 月 26 日获得 12 个月的初步授权。显然，鉴于今后人道主义、过渡司法和重建任务的规模，安理会很可能继续授权积极处理。^④

（二）应对安全威胁

在过去二十年中，安理会一直致力于应对新出现的挑战，这些挑战无论是气候变化的影响、小规模武器扩散、大范围流行病蔓延、跨

---

① 参见 *ARUNA 2015/2016* 第 2. C 章，安理会决议，"Identical letters dated 19 January 2016 from the Permanent Representative of Colombia to the United Nations addressed to the Secretary-General and the President of the Security Council（S/2016/53）"，S/RES/2307（2016），2016 年 9 月 13 日；另见安理会会议，S/PV. 7768，以及安理会主席新闻声明，SC/12514，2016 年 9 月 13 日。秘书长报告见于安全理事会文件，"Report of the Secretary-General to the Security Council on the United Nations Mission in Colombia"，S/2016/729，2016 年 8 月 18 日。2016 年 9 月 21 日，哥伦比亚总统胡安·曼努埃尔·桑托斯·卡尔德林来信，正式向安理会转达了最初的和平协议。见安理会会议，S/PV. 7773，2016 年 9 月 21 日。

② 参见安理会报告，What's in Blue，"Security Council Visiting Mission to Colombia"，2017 年 5 月 3 日，http://www. whatsinblue. org/2017/05/security-council-visiting-mission-to-colombia. php。

③ 安理会文件，"Identical letters dated 7 June 2017 from the Permanent Representative of Colombia to the United Nations addressed to the Secretary-General and the President of the Security Council, Annex"，S/2017/481，2017 年 6 月 8 日。

④ 参见 *ARUNA 2016/2017* 第 2. C 章，安理会决议，"Identical letters dated 19 January 2016 from the Permanent Representative of Colombia to the United Nations addressed to the Secretary-General and the President of the Security Council（S/2016/53）"，S/RES/2366（2017），2017 年 7 月 10 日；另见 2017 年 7 月 10 日，安理会会议，S/PV. 7997，以及安理会主席的新闻声明，SC/12906。

国有组织犯罪，还是非国家武装行动者或"破坏者"，在这个过程中，安理会不仅依靠传统的干预手段，而且发展和强化了冲突管理工具。下文将探讨在本报告期间一些技术的使用情况。

1. 区域协定

随着安理会在处理区域、洲际和民族冲突中变得更加积极，它发现将解决区域问题办法纳入危机管理和冲突解决工具箱越来越有利。自冷战结束以来，由于区域间都面临政治、业务和财政挑战，所以一直依赖诸如非洲联盟（AU）、欧洲联盟（EU）、北大西洋公约组织（NATO）或安全组织——欧洲安全与合作组织（OSCE，简称欧安组织）。可以看出，实际上以简报和协商会议形式进行的制度化互动已成为例行公事。[①] 恐怖主义和安全部门改革在欧盟议程上居于重要地位，因为它积极参加联合国在中非共和国（CAR）、马里和索马里的和平行动。欧盟还在利比亚海岸外针对移民走私者开展海上行动。该行动最初于 2015 年 10 月 9 日首次授权[②]，并由安理会延长一年。[③] 自 2010 年以来，安理会每年举行一次与欧盟合作的听证会。安理会成员还定期与欧盟政治和安全委员会进行非正式会晤。2017 年 5 月 9 日，欧盟高级代表向安理会通报了欧盟的外交政策、参与中东进程、与其他区域组织的合作以及打击跨国犯罪、应对气候变化和可持续发展等相关活动情况。

欧安组织向安理会通报的情况也已成为一年一度的定期活动。同样，两个组织在恐怖主义和预防冲突方面都有共同的关注点。欧安组

---

① 有关"区域安排"概述，参见劳里恩·塞沃斯（Loraine Sievers）和山姆·德奥斯（Sam Daws）《联合国安理会程序》（牛津：牛津大学出版社，2014），第 626～653 页。

② *ARUNA 2015/2016* 第 2. C 章，安理会决议，"Maintenance of international peace and security"，S/RES/2240（2015），2015 年 10 月 9 日。

③ *ARUNA 2016/2017* 第 2. C 章，安理会决议，"Maintenance of international peace and security"，S/RES/2312，2016 年 10 月 6 日；另见 2016 年 10 月 6 日，安理会会议，S/PV/7783 以及安理会主席的新闻声明，SC/12543。

织是该领域的领导组织，在安理会的支持下负责监督《明斯克协议》的执行情况。① 另外，乌克兰局势依然紧张，这使安理会陷入困境，特别是在乌克兰加入安理会后，一再提出与纳戈尔诺—卡拉巴赫、外德涅斯特和格鲁吉亚冻结冲突有关的问题。2017 年 2 月 21 日举行的简介会主要是一次信息交流分享会，并未对联合国或欧安组织的关系产生显著影响，这也就不足为奇了。②

2016 年 11 月 17 日，伊斯兰合作组织（OIC）向安理会介绍其在该领域的行动。正如塞内加尔散布的概念所指出的，伊斯兰合作组织和安理会都积极参与阿富汗、索马里、苏丹达尔富尔、马里、利比亚、也门和中非共和国等冲突国家事务，致力于解决中东冲突。双方交换意见的重点是如何加强两个组织在预防和打击极端主义意识形态方面的战略伙伴关系，以及如何改善伊斯兰会议组织同联合国秘书处反恐机构的合作。③

2016 年，安理会在开罗与阿拉伯国家联盟成员国举行第一次协商会议之后，2017 年 8 月，安理会与阿拉伯国家联盟进行了简介会和非正式互动对话。在访问索马里、肯尼亚和埃及期间，安理会多次听取两个组织加强合作和协商会议制度化的呼吁。④ 联合国秘书长

---

① *ARUNA 2014/2015* 第 2. C 章，安理会决议，"Letter from the Permanent Representative of the Russian Federation（Ukraine）"，S/RES/2202，2015 年 2 月 17 日。

② 安理会会议，S/PV. 7886 和安理会主席的新闻声明，SC/12724，2017 年 2 月 21 日。另见安理会报告，What's in Blue，"Open Debate on Conflicts in Europe and Briefing by the OSCE Chairperson-in-Office"，2017 年 2 月 20 日，http：//www. whatsinblue. org/2017/02/open-de-bate-on-conflicts-in-europe-and-briefing-by-the-osce-chairperson-in-office. php。

③ 安理会会议，S/PV. 7813，以及安理会主席新闻声明，SC/12590。背景见安理会报告，What's in Blue，"Briefing on Cooperation between the UN and the Organization of Islamic Cooper-ation,"2016 年 11 月 16 日，http：//www. whatsinblue. org/2016/11/briefing-on-cooperation-be-tween-the-un-and-the-organization-of-islamic-cooperation. php。塞内加尔的说明载于安理会文件，"Letter dated 11 November 2016 from the Permanent Representative of Senegal to the United Nations addressed to the Secretary-General, Concept paper：Cooperation between the United Na-tions and the Organization of Islamic Cooperation：Enhancing the Strategic Partnership in the area of Countering Extremist Ideology"，S/2016/965，2016 年 11 月 15 日。

④ 参见 *ARUNA 2015/2016* 第 2. A 章，同前引述，第 4～33 页。

于 2017 年 3 月出席联盟首脑会议，重申加强两个组织关系的重要性。尽管安理会大多数成员支持秘书长的呼吁，但考虑到联盟过去批评安理会未能解决叙利亚危机，有些成员对讨论具体的国家局势持谨慎态度，可以预见，讨论已经在进行，但是没有提出具体或可行的建议。[①]

联合国对非盟和平与安全活动的财政支持问题再次使非盟—联合国伙伴关系讨论蒙上阴影。尽管得到中国的支持，但对和平行动的其他主要捐助国不愿向非盟活动提供联合国分摊的会费，只能使这一问题取得渐进式的进展。鉴于利比亚和西撒哈拉等国家具体问题的政治敏感性，以及安理会常任理事国和非常任理事国之间的分歧，非盟—联合国伙伴关系的制度化进程将非常缓慢。[②]

2016 年 11 月 18 日，塞内加尔就此事展开了公开辩论。旨在为加强对非盟和平行动筹资提供政治支持。安理会会议结束时通过一项决议，欢迎非盟大会提供非盟和平行动 1/4 的经费并在五年内发挥作用。[③] 这一问题再次出现在安理会议程上是在 2017 年 6 月 15 日，当时安理会的非洲成员（埃及、埃塞俄比亚和塞内加尔）就非盟与联合国合作组织了一次介绍会和互动对话，与此同时，向联合国秘书长提交了一份报告，提出依靠联合国的评估分摊会费支持非洲联盟的和平行动。除了提出更有效的联合分析、规划和决策建议之外，联合国秘书长还概括了四种可能性：在特殊或紧急情况下提供补助金；联合筹措共同编制预算经费；设立联合国支助办事处以协助非盟的和平行动；

---

① 安理会报告，What's in Blue，"Briefing on Cooperation between the UN and the League of Arab States"，http://www. securitycouncilreport. org/monthly-forecast/2017－08/briefing_on_coopera-tion_between_the_un_and_the_league_of_arab_ states. php。

② 参见 *ARUNA 2014/2015* 第 2. A 章，同前引述。第 4~22 页至第 4~24 页，以及 ARUNA 2015/2016 第 2. A 章，同前引述，第 4~29 页至第 4~32 页。

③ 安理会决议，"Cooperation between the United Nations and regional and subregional organizations in maintaining international peace and security"，S/RES/2320，2016 年 11 月 18 日。另见 2016 年 11 月 18 日，安理会会议，S/PV. 7816，以及安理会主席的新闻声明，SC/12595。

以及混合任务的联合融资。联合国秘书长在 2017 年 7 月 19 日中国主办的公开讨论中阐述了他的建议，重点是采取提高非洲和平与安全能力的途径和方法。① 2017 年 9 月初，在与非盟和平与安理会成员举行的一次协商会议（第十一次年度会议）期间，安理会访问亚的斯亚贝巴的访问团再次提出这个问题。②

2. 视察任务

由于安理会自冷战结束以来越来越多地参与复杂的内部冲突，安理会越来越多地依赖国家访问作为冲突管理和解决问题的工具。到目前为止，安理会从 1992 年开始开展了 53 次"视察任务"，其中 5 次是在本报告审期内：南苏丹（2016 年 9 月 1 日至 5 日）、刚果民主共和国和安哥拉（2016 年 11 月 11 日至 15 日）、乍得湖流域（2017 年 3 月 1 日至 6 日）、哥伦比亚（2017 年 5 月 3 日）和海地（2017 年 6 月 22 日至 24 日）。③

安理会根据"高度关切"的这些局势所设定的任务目的随着时间发生了很大变化，侧重于信息收集和评估执行安理会决议的进展情况，重申支持国家和非国家政党之间的冲突解决，继续致力于维护过渡时期的和平进程和促进长期稳定政策的实施。由美国领导的南苏丹特派团的主要目标是促使冲突各方遵守 2016 年 8 月和平协定的条款，并对安全和人权状况提出警告。④ 安理会对刚果民主共和国的访问主

① 2017 年 7 月 19 日，安理会会议，S/pv. 8006，以及安理会主席新闻声明，SC/12915。

② 2017 年 9 月 12 日，安理会会议，S/PV. 8043，以及安理会主席新闻声明，SC/12984。

③ 视察团的起源与演化，参见 2017 年 7 月 6 日安理会报告，What's in Blue，"Security Council Visiting Missions"，http://www.securitycouncilreport.org/un-security-council-working-methods/visiting-mission.php。

④ 安理会报告，What's in Blue，"Security Council Visiting Mission to South Sudan and Addis Ababa"，2016 年 9 月 1 日，http://www.whatsinblue.org/2016/09/security-council-visiting-mission-to-south-sudan-and-addis-ababa.php；安理会报告，What's in Blue，"Dispatches from the Field：Council Visit to Wau and Meeting with President Kiir"，2016 年 9 月 4 日，http://www.whatsinblue.org/2016/09/dispatches-from-the-field-council-visit-to-wau-and-meeting-with-president-kiir.php。

要是出于对该国日益加深的政治危机的担忧：该国之前延迟了总统和立委选举，而且四处流传总统打算在宪法规定的任期结束后继续执政的谣言。① 安理会在乍得湖盆地的任务旨在评估该地区因博科哈拉姆恐怖主义运动的暴动而产生的军事和人道主义局势。访问团访问了喀麦隆、乍得、尼日尔和尼日利亚，鼓励各国政府加强军事合作，并鼓励捐助者和非政府加强对平民的保护。在尼日利亚联合国国家工作队、民间社会组织、政府官员和西非国家经济共同体（ECOWAS）代表会议上，安理会了解到该地区面临挑战的复杂性以及需要解决问题的根本原因。② 在哥伦比亚，安理会成员访问了哥伦比亚革命武装力量叛乱分子放下武器的偏远地区，并借机主持召开哥伦比亚革命武装力量成员和政府官员会议，讨论和平协定执行情况。③ 安理会对海地进行为期三天访问的主要目标是使联合国海地稳定特派团（MINUSTAH）（当时已关闭）过渡到联合国海地司法支持团（MINUJUSTH），以执行其后续任务。④

3. 阿里亚规则会议

委内瑞拉的迭戈·阿里亚大使于 1992 年发起了阿里亚规则会议，他作为安理会主席，希望建立一个"灵活的非正式论坛"，以提高安理会审议质量。⑤ 因此，安理会成员可以邀请任何成员国、有关国家或非政府组织及个人参加会议，这些会议由于其非正式性而不会产生任何公开记录，也不会反映在安理会月度计划中。会议后他们也不会立即采取包括主席声明在内的正式行动。但是，允许广大与会者为安

---

① 2016 年 11 月 23 日，安理会会议，S/PV. 7819；安理会主席新闻声明，SC/12600。
② 2017 年 3 月 9 日，安理会会议，S/PV. 7894；安理会主席新闻声明，SC/12744。
③ 2017 年 5 月 16 日，安理会会议，S/PV. 7941；安理会主席新闻声明，SC/12825。
④ 2017 年 6 月 30 日，安理会会议，S/PV. 7994；安理会主席新闻声明，SC/12899。
⑤ 安理会文件，"Note by the President of the Security Council"，S/2006/507，2006 年 7 月 19 日，第 54 段；安理会文件，"Note by the President of the Security Council"，S/2010/507，2010 年 7 月 26 日，第 65 段。

理会会议进程做出贡献，可以对会议议程提意见的与会者包括没有在安理会任职的联合国成员、国际组织负责人、联合国高级官员以及未被承认为国家的非政府组织和民间社会团体等。迄今为止，安理会共举办了220次阿里亚规则会议。它们的频率随时间变化幅度很大，平均每年7~8次。① 如表2-1所示，在本报告所述期间，安理会举行了14次会议，这是一年中非常高的数字了。

因此，阿里亚规则会议使安理会能够讨论那些无法上升到其正式议程的政治敏感问题。它们还使安理会能够获得各自外部的专业知识。有时，它们被用来让公众理解安理会对于安全理解的演变，特别是在尚未达成共识的问题上。更通俗地说，指名道姓和羞辱的往往是游戏中没有明说的角色。与过去的情况一样，阿里亚规则会议仍然是安理会非常任理事国的最佳工具：他们渴望提高自己的声誉和参与度。乌克兰率先主办了至少四次会议。常任理事国更加保守，总共只主办过两次，中国和俄罗斯联邦则完全没有参与。

可以预见的是，2016~2017年的一些会议的主要目的是说明情况，而不期望解决眼前的问题。2016年10月关于以色列定居点的会议就是其中一例，这次会议提供了一个机会，突出了以色列被占领土上的定居点活动及其对巴勒斯坦人的不利影响，同时为安理会在未来阶段通过决议奠定了基础。② 同样，乌克兰会议所讨论的"混合战争"

---

① 安理会报告，"Arria-Formal Meetings，1992 - 2017"，http://www. securitycouncilreport. org/un-security-council-working-methods/atf/cf/%7B65BFCF9B - 6D27 - 4E9C - 8CD3 - CF6E 4FF96FF9%7D/working_methods_arria_formula. pdf。

② 详见巴勒斯坦国常驻联合国观察团发表的概念说明，"Oct. 2016：Illegal Israeli Settlements：Obstacles to Peace and the Two-State Solution"，2016年10月14日，http://palestineun. org/oct-2016-illegal-israeli-settlementments-barriers-to-peace-and-the-two-state-solution/。美国的弃权随后使安理会通过一项决议，谴责以色列的定居点活动"公然违反"国际法和"法律效力"。详见2016年12月23日安理会决议，*ARUNA 2016/2017* 第2. C章，"The situation in the Middle East, including the Palestinian question," S/RES/2334（2016）；另见2016年12月23日安理会会议，S/PV. 7853，以及安理会主席的新闻声明，SC/12657。

主题不仅引人关注，而且在创新概念等方面具有无可置疑的学术价值，特别是在"冻结冲突"领域。但由于俄罗斯被指在乌克兰和格鲁吉亚的问题上依赖这种手段，这个问题仍然不可能解决。同样，由法国、英国和美国组织的与叙利亚问题调查委员会的会议（自 2015 年以来的第 7 次会议）主要是为了保留追究侵犯人权者责任的可能性以及起到解决政治危机的杠杆作用。[①]

其次，反恐在安理会议程上的突出性反映在这一议题上，以阿里亚规则会议的形式讨论过至少 5 次。在此特别重要的是，安理会决心填补其反恐战略中的未决漏洞，正如专门讨论加强与跨国有组织犯罪有关的国际司法合作、保护国家重要基础设施免受恐怖袭击的会议所证明的那样，防止信息技术被恐怖组织所利用。[②]

最后，阿里亚规则的形式使安理会能够涉足未知领域。诚然意大利和英国联合主办的调解工作中妇女角色主题会议并未引入多少新的认知，只是阐述了加强妇女参与和平谈判可能会产生更高的和平红利。乌拉圭和西班牙就安理会关于妇女、和平与安全的决议（WPS）和《消除对妇女一切形式歧视公约》（CEDAW）之间的协同增效召开的理事会会议，是鼓励国际法和联合国在执行安理会第 1325（2000）号决议方面的政策时进行融合。[③] 在 2007 年、2011 年以及 2015 年召开了三次关于气候变化讨论会后，由乌克兰主持的关于气候变化对海平面上升的安全影响会议，是安理会更加愿意采取的一种解决非传统

---

① 最新调查结果载于人权理事会文件 "Report of the Independent International Commission of Inquiry on the Syrian Arab Republic"，A/HRC/34/64，2017 年 2 月 2 日。

② 关键基础设施会议后 2017 年 2 月 13 日举行公开辩论，这反过来为通过安理会决议 "Threats to International Peace and Security Caused by Terrorist Acts"，铺平了道路，S/RES/2341，2017 年 2 月 13 日（见 ARUNA 2016/2017 第 2. C 章）。

③ 参见和平妇女（妇女国际和平与自由联盟）发布的简报，"Arria Formula Meeting on the Synergies between SC resolutions on Women Peace and Security and the Convention to End All Forms of Discrimination（CEDAW）"，2016 年 12 月 5 日，http://www.peacewomen.org/node/96803。

安全威胁的方式。①

表 2 - 1　根据阿里亚规则，2016～2017 年举行的安理会会议

日期	议题	受邀者	召集者
2016 年 10 月 14 日	以色列非法定居点对和平的障碍和两国解决办法	以色列人权活动家和 B' Tselem 执行主任 Hagai El-Ad、美国现行和平政策和政府关系主任 Lara Friedman、布鲁塞尔大学教授 François Dubuisson	马来西亚与安哥拉、埃及、塞内加尔和委内瑞拉共同主办
2016 年 11 月 21 日	保护关键基础设施免受恐怖袭击	乌克兰安全局国际经济反间谍保护司司长 Sergiy Semochko、美国国土安全部基础设施保护办公室区域主任 Frank Westfall、爱迪生电气研究所安全和业务连续性执行董事 Scott Aaronson	乌克兰
2016 年 11 月 23 日	网络安全、国际和平与安全	Telefónical 国际公司美国分公司首席执行官 Alfredo Timermans，ICT4 和平基金会主席 Daniel Stauacher，美国驻欧洲安全与合作组织大使、负责制定网络建立信任措施的工作组主席 Daniel Baer，网络安全公司 FireEyei SIGHT Intelligence 总监 Laura Galante	塞内加尔、西班牙
2016 年 12 月 5 日	安理会关于妇女、和平与安全的决议与《消除对妇女一切形式歧视公约》之间的协同作用	联合国妇女政策和议程规划执行副主任 Yannick Glemarec、消除对妇女歧视委员会第 30 号一般性建议工作组主席 Pramila Patten、全球妇女和平建设者网络国际协调员 Maria Victoria Cabrera-Balleza	乌拉圭、西班牙
2017 年 2 月 24 日	和平行动中的人权问题	José Maria Aranaz（联刚稳定团）、Eugene Nindorera（南苏丹特派团）	塞内加尔、瑞典、乌拉圭
2017 年 3 月 27 日	妇女权益保护、和平与安全调解	秘书长政策高级顾问 Kyung-wha Kang、非盟智者小组成员和非洲妇女和平调解员网络协调员 Specioza Naigaga Wandira Kazibwe、黎巴嫩特别协调员 Sigrid Kaag、意大利国际安全妇女组织主席 Irene Fellin	意大利、英国
2017 年 3 月 31 日	混合战争对国际和平与安全的威胁	挪威国际事务研究所（NUPI）高级研究员 Patrick Cullen、挪威国际事务研究所研究员 Erik Reichborn、乌克兰国家战略基金负责人 Taras Berezovets、罗格斯大学政治学教授 Alexander Motyl	乌克兰

---

① 2015 年，在西班牙和马来西亚倡议下，安全理事会召开了关于气候变化的阿里亚规则会议。详见安理会报告，What's in Blue，"Arria-Formula Meeting on Climate Change as a Threat Multiplier"，2015 年 6 月 29 日，http://www.whatsinblue.org/2015/06/arria-formula-meeting-on-climate-change-as-a-threat-multiplier.php。

续表

日期	议题	受邀者	召集者
2017 年 4 月 10 日	气候变化对海平面上升的影响	德国大使 Harald Braun、负责国内流离失所者人权问题的秘书长特别代表 Walter Kalin、孟加拉国和平与安全研究所所长 Munir Muniruzza 少将	乌克兰
2017 年 4 月 21 日	叙利亚问题	调查委员会（COI）主席 Paulo Pinheiro 和 COI 成员 Karen Abu Zayd	法国、英国、美国
2017 年 5 月 8 日	中央当局在国际刑事合作中的作用	毒品和犯罪问题办公室成员 Karen Kramer，反恐怖主义执行局成员 David Sharia，乌干达、西班牙和意大利的国家检察官 Mike Chibita，Vincente Gonzáles Mota 和 Maurizio Romanelli	意大利
2017 年 6 月 16	尼日利亚东北部、索马里、南苏丹和也门受冲突影响地区遭受饥荒的风险	联合国副秘书长 Amina Mohammed、世界银行软弱、冲突和暴力小组高级主任 Franck Bousquet、非政府组织反饥饿行动首席执行官 Andrea Tamburini	A3（三个非洲成员：埃及、埃塞俄比亚和塞内加尔），安理会的欧盟代表团（法国、意大利、瑞典和英国）、日本和美国
2017 年 6 月 22 日	阻止非洲之角的恐怖主义和暴力极端主义	埃塞俄比亚大使阿莱姆（Tekeda Alemu）；意大利大使卡迪（Sabastiano Cardi）；联合国毒品和犯罪办公室（UNODC）和联合国开发计划署专家	埃塞俄比亚，意大利，东非政府间发展组织（IGAD），联合国药品和犯罪办公室
2017 年 7 月 22 日	加强联合国制裁机制制定过程：所有利益攸关方的观点	刚果民主共和国大使 Ignace Gata Mavitawa Lufuta、利比里亚共和国大使 Lewis G. Brown、塞拉利昂民主主义人民共和国大使 Amadu Koroma、日内瓦高级国际关系学院 Thomas J. Biersteker、安理会报告执行副主任 Joanna Weschler	埃及
2017 年 8 月 21 日	联合国人道主义援助伙伴在也门危机中的重要作用	主管人道主义事务副秘书长 Stephen O'Brien、萨勒曼国王人道主义援助和救济中心主任 Abdallah al-Rabeeah	塞内加尔

资料来源：安理会报告，What's in Blue, "Settlements Arria and Open Debate on Israel/Palestine", 2016 年 10 月 13 日，http://www.whatsinblue.org/2016/10/settlements-arria-and-open-debate-on-israelpalestine.php；安理会报告，What's in Blue, "Open Debate and Draft Resolution on Protection of Critical Infrastructure against Terrorist Attacks", 2017 年 2 月 11 日，http://www.whatsinblue.org/2017/02/open-debate-and-draft-resolution-on-protection-of-critical-infrastructure-against-terror-attacks.php；安理会报告，What's in Blue, "Open Arria-Formula Meeting on Counter Terrorism", 2016 年 11 月 21 日，http://www.whatsinblue.org/2016/11/open-arria-formula-meeting-on-counter-terrorism.php；安理会

续表

报告，What's in Blue，"Open Arria-Formula Meeting on Cybersecurity"，2016 年 11 月 23 日，http：//www. whatsinblue. org/2016/11/open-arria-formula-meeting-on-cybersecurity. php；妇女国际和平与自由联盟，同前引述；安理会报告，What's in Blue，"Arria-Formula Meeting with Human Rights Components in Peace Operations"，2017 年 2 月 23 日，http：//www. whatsinblue. org/2017/02/arria-formula-meeting-with-human-rights-components-in-peace-operations-1. php；安理会报告，What's in Blue，"Arria-Formula meeting on Women，Peace and Security and Mediation"，2017 年 3 月 27 日，http：//www. whatsinblue. org/2017/03/arria-formula-meeting-on-women-peace-and-security-and-mediation. php；安理会报告，What's in Blue，"Arria-Formula Meeting on Hybrid Wars"，2017 年 3 月 30 日，http：//www. whatsinblue. org/2017/03/arria-formula-meet-on-hybrid-wars. php；气候变化与安全中心，"Ukraine，Germany，Sweden Urge UN Security Council to Address Climate Change Threat"，2017 年 5 月 2 日，https：//climateandse-curity. org/2017/05/02/ukraine-and-germany-urge-un-security-council-to-address-climate-change-threat/；安理会报告，What's in Blue，"Arria-Formula Meeting with the Commission of Inquiry on Syria"，2017 年 4 月 20 日，http：//www. whatsinblue. org/2017/04/arria-formula-meeting-with-the-inquiry-of-in-quiry-on-syria-3. php；安理会报告，What's in Blue，"Arria-Formula Meeting on 'International Coopera-tion in Criminal Matters within the Peace and Security Pillar：the Role of Central Authorities'"，2017 年 5 月 5 日，http：//www. whatsinblue. org/2017/05/arria-formula-meeting-on-international-cooperation-in-peace-an-peace-and-security. php；安理会报告，What's in Blue，"Arria-Formula Meeting on the Risk of Famine in Conflict-Affected Areas"，2017 年 6 月 15 日，http：//www. whatsinblue. org/2017/06/arria-formula-meeting-on-the-risk-of-famine- in-conflict-affected-areas. php；安理会报告，What's in Blue，"Arria-For-mula Meeting：Preventing Terrorism and Violent Extremism in the Horn of Africa"，2017 年 6 月 22 日，http：//www. whatsinblue. org/2017/06/arria-formula-meeting-preventing-terrorism-and-violent-extremism-in-the-horn-of- africa. php；安理会报告，"August 2017 Monthly Forecast"，2017 年 7 月 31 日，http：//www. securitycouncilreport. org/monthly-forecast/2017 - 08/sanctions_1. php；埃及常驻联合国代表团，纽约，"United Nations Security Council Open Arria Formula Meeting"，2017 年 7 月 5 日，http：//www. un. org/webcast/pdfs/170705-arria-sanctions. pdf；安理会报告，What's in Blue，"Yemen Briefing and Consultations"，2017 年 8 月 17 日，http：//www. whatsinblue. org/2017/08/yemen-briefing-and-con-sultations-2. php。

4. 公开辩论

1992 年安理会开始设立公开辩论，已成为既定活动。实质上，这些辩论是为了加强非安理会成员对安理会议事程序的参与。[①] 现在大多数公开辩论由安理会主席召集。起初，针对国家或区域的公开辩论侧重跨领域的主题，是否采取行动或者通过主席声明都取决于安理会达成共识的程度。

---

① 要全面讨论公开辩论的起因、演变和方式，参见劳里恩·塞沃斯、山姆·德奥斯，同前引述，第 44 - 51 页。

在本报告所述期间，安理会以一般性辩论的方式通过了9项决议，包括和平可持续性、妇女权益保护、和平与安全、武装冲突中保护平民、维持和平和区域组织、预防冲突以及联合国与区域组织之间的合作等。2016～2017年安理会公开辩论见表2-2。

值得注意的是，许多会议专门讨论与反恐有关的问题，这些问题将恐怖主义与对和平与安全的非常规威胁，特别是贩卖人口和保护文化遗产联系起来。正如在有关区域组织的章节中所讨论的那样，加强非洲在和平与安全领域的能力问题引起了人们的热议。俄罗斯联邦发起了关于集体安全条约组织、上海合作组织（SCO）和独立国家联合体（CIS）潜在作用的讨论；这些讨论最终没有结果，因为人们普遍认为这些努力是带有隐晦政治企图的，即试图给在俄罗斯管制下的组织以合法的印记。①

也许更重要的意义在于安理会谨慎地参与有关气候、发展和安全的问题。塞内加尔在2016年4月22日主办了关于水、和平与安全的阿里亚规则会议后，重新提出了这一议题，从而为安理会首次正式处理该问题奠定了基础。这一举措是在大会通过《2030年可持续发展议程》之后做出的，该议程包括将水安全作为其核心目标之一，并随后于2015年11月成立了一个由15个国家组成的全球水与和平问题高级别小组。尽管俄罗斯反对水是冲突根源，并且认为这不属于安理会管辖范围，虽然安理会曾处理过与水有关的安全争端。安理会是否会对塞内加尔倡议采取后续行动仍未可知，但这对理解其处理冲突、发展、自然资源和气候变化之间的关联事宜具有重要意义。

---

① 安理会报告，What's in Blue，"Debate on Cooperation between the UN and the CSTO，[SCO] and CIS"，2016年10月27日，http://www.whatsin..org/2016/10/un-and-csto-cso-and-cis.php。

表 2－2　2016～2017 年公开辩论

专题辩论

日期	议题	决议	管辖国	编号	公告
2017 年 8 月 29 日	维持和平行动：维持和平这一总目标的潜力		埃及	S/PV. 8033	SC/12969
2017 年 6 月 28 日	不扩散大规模杀伤性武器		玻利维亚	S/PV. 7985	SC/12888
2017 年 5 月 25 日	在武装冲突中保护平民		乌拉圭	S/PV. 7951	SC/12841
2017 年 5 月 15 日	武装冲突中的性暴力		乌拉圭	S/PV. 7938	SC/12819
2017 年 3 月 24 日	恐怖主义和武装冲突中破坏、贩运文化遗产	S/RES/2347（2017）15－0－0	英国	S/PV. 7907	SC/12764
2017 年 3 月 15 日	冲突局势中贩卖人口，如强迫劳动、奴役等其他类似做法		英国	S/PV. 7898	SC/12751
2017 年 2 月 13 日	保护关键基础设施免受恐怖袭击	S/RES/2341（2017）15－0－0	乌克兰	S/PV. 7882	SC/12714
2017 年 1 月 10 日	预防冲突和维持和平		瑞典	S/PV. 7857	SC/12673
2016 年 12 月 20 日	冲突局势中贩卖人口	S/RES/2331（2016）15－0－0	西班牙	S/PV. 7847	SC/12647
2016 年 12 月 15 日	防止大规模杀伤性武器扩散到非国家行为者	S/RES/2325（2016）15－0－0	西班牙	S/PV. 7837	SC/12628
2016 年 12 月 12 日	国际司法组织联合打击恐怖主义	S/RES/2322（2016）15－0－0	西班牙	S/PV/7831	SC/12620
2016 年 11 月 22 日	水、国际和平与安全		塞内加尔	S/PV. 7818	SC/12598
2016 年 11 月 7 日	和平与安全的不对称威胁		塞内加尔	S/PV. 7802	SC/12577
2016 年 10 月 25 日	妇女权益保护、和平与安全以及安理会第 1325（2000）号决议执行情况		俄罗斯	S/PV. 7793	SC/12561

针对具体国家/地区的辩论					
日期	议题	决议	管辖国	编号	公告
2017 年 8 月 22 日	中东局势，包括巴勒斯坦问题		埃及	S/PV. 8028	SC/12963
2017 年 7 月 25 日	中东局势，包括巴勒斯坦问题		中国	S/PV. 8011	SC/12927
2017 年 7 月 19 日	提高非洲和平与安全能力		中国	S/PV/8006	SC/12915
2017 年 6 月 28 日	不扩散大规模毁灭性武器		玻利维亚	S/PV. 7985	SC/12888
2017 年 6 月 20 日	中东局势，包括巴勒斯坦问题		玻利维亚	S/PV. 7977	SC/12878
2017 年 5 月 26 日	中东局势，包括巴勒斯坦问题		乌拉圭	S/PV. 7953	SC/12844
2017 年 4 月 20 日	中东局势，包括巴勒斯坦问题		美国	S/PV. 7929	SC/12800
2017 年 3 月 24 日	中东局势，包括巴勒斯坦问题		英国	S/PV. 7908	SC/12765
2017 年 2 月 21 日	欧洲旷日持久的冲突		乌克兰	S/PV. 7886	SC/12724
2017 年 2 月 16 日	中东局势，包括巴勒斯坦问题		乌克兰	S/PV/7885	SC/12720
2017 年 1 月 17 日	中东局势，包括巴勒斯坦问题		瑞典	S/PV. 7863	SC/12683
2016 年 12 月 23 日	中东局势，包括巴勒斯坦问题	S/RES/2334（2016）14 - 0 - 1	西班牙	S/PV. 7853	SC/12657
2016 年 12 月 16 日	中东局势，包括巴勒斯坦问题		西班牙	S/PV. 7839	SC/12632
2016 年 11 月 23 日	中东局势，包括巴勒斯坦问题		塞内加尔	S/PV. 7820	SC/12601
2016 年 11 月 18 日	加强联合国与非盟合作	S/RES/2320（2016）15 - 0 - 0	塞内加尔	S/PV. 7816	SC/12595
2016 年 10 月 28 日	联合国与集体安全条约组织、上海合作组织和独立国家联合体的合作		俄罗斯	S/PV. 7796	SC/12566
2016 年 10 月 19 日	中东局势，包括巴勒斯坦问题		俄罗斯	S/PV. 7792	SC/12558

续表

日期	议题	决议	管辖国	编号	公告
2016 年 10 月 6 日	阻止利比亚沿海人口贩卖	S/RES/2312 (2016) 14－0－1	俄罗斯	S/PV. 7783	SC/12543
2016 年 9 月 15 日	中东局势，包括巴勒斯坦问题		新西兰	S/PV. 7772	SC/12520

资料来源：联合国安理会"Meeting Records"，2016 年资料可在 http：//www. un. org/en/sc/meetings/records/2016. shtml 上查阅，2017 年资料可在 http：//www. un. org/en/sc/meetings/records/2017. shtml 上查阅。

三　安理会工作方法

"工作方法"一词主要是指安理会开展工作的方式。这个问题不如安理会的"改革"更为明显，尤其是其成员资格的扩大。但是，它提出了同样重要、具有政治性和争议性的问题，即透明度和准入机制、效率、问责制以及与非安理会成员的互动。它还涉及安理会与联合国大会、区域组织之间的关系。安理会的工作方法是由其附属机构负责的，即文件和其他程序问题非正式工作组，无论日本何时返回安理会，其都能发挥关键作用。

2006 年，日本作为当时的安理会主席国首次将安理会的工作方法进行了汇编。此后，它被更新了十多次，这反映了安理会的演变进程。[1] 2016 年 7 月 19 日，"507 说明"发布十周年之际，安理会就其工作方法举行了一次公开讨论。[2] 随后一项重大进展是，在 2017 年 8 月下旬，经过长达数周的夏季广泛谈判之后，安理会发布了一份新的工作方法简编。新说明合并了以前编纂的惯例，并涉及最近的做法，特别澄清了安理会决策程序。因此，该文件是安理会成员和联合国全

---

[1]　安理会文件，S/2006/507，同前引述。另见安理会，"Working Methods Handbook"，同前引述。

[2]　安理会会议，S/PV. 7740，以及安理会主席新闻声明，SC/12451，2016 年 7 月 19 日。

体会员国新的参考和指南来源。安理会主席在通过该说明时代表所有成员发表声明，强调安理会"继续考虑改进工作方法的意愿……包括成立文件和其他程序问题非正式工作组。"①

四　总结

正如本评注中强调的那样，安理会是否会采取有效行动取决于若干条件。第一点也是至关重要的一点，就是大国对威胁的性质达成一致。第二，当地局势必须"成熟"，也就是说，内部冲突各方必须达到"相互伤害的僵局"，并准备遵守停火与和平协议。第三，邻国必须避免扮演颠覆者的角色。第四，安理会中至少有一个成员愿意充当诚实的经纪人。还要考虑其他因素，包括安理会发言时机等。

显然，所有这些条件很少得到满足。但是，这并不意味着安理会未能采取行动必然应被视为其不能以综合方式思考的一个指标。事实上，本评论中提出的许多证据均指向一种范式的转变，即创造政治空间以预防冲突和解决冲突根源。毫无疑问，安理会正日益"连接各点"以整体的方式看待威胁，无论是国内威胁还是全球威胁。同样，就其工作的实质性而言，如本文讨论的案例所示，安理会对威胁的反应可被视为从无所作为到循序渐进，再到果断干预。但是，愿望和行动之间仍然存在鸿沟。从根本上讲，权力的现实性会影响安理会机制的运作。同时，如果忽视或低估安理会对和平与安全威胁的理解和反应所做出的框架性改变，草率评判其是否"适合"应对 21 世纪的威胁，必然产生误导性的判断。

---

① 参见安理会主席新闻声明，SC/12976，2017 年 8 月 30 日。

第三章　经济及社会理事会：可持续发展目标的中心平台

洛林·鲁芬

一　引言

可持续发展目标主导了经济及社会理事会（经社理事会）在 2016 年 7 月 ~ 2017 年 9 月的众多重要会议。根据秘书长关于可持续发展主流化的报告，《2030 年可持续发展议程》在其整体方案以及关于人类、地球、繁荣、和平和伙伴关系的雄心壮志方面是前所未有的。[①] 实际上，可持续发展目标已经在联合国引发了一场革命，整个联合国系统及其成员国都有了新的发展方向。这些指令与千年发展目标截然不同。17 项可持续发展目标的特点在于它们的所有权，因为它们是由成员国自行发展的；在于它们的普遍性，因为它们同样适用于类似的发达国家和发展中国家；在于它们的相互依赖性，因为向关键目标的努力有助于提升其他目标[②]；最后是它们对弱势群体的关注，并规定不让任何一个人

---

① 联大/经社理事会文件，"Mainstreaming of Three Dimensions of Sustainable Development throughout the United Nations System"，秘书长报告，A/RES/72/75 - E/2017/56，2017 年 4 月 5 日，第 17 页。

② 例如，如果在可持续发展目标 5："实现性别平等，增强所有妇女和女童的（转下页注）

掉队。因此，重点是包容性，以便将可持续发展目标视为管理全球化负面影响的一种方式。不让任何一个人掉队意味着涵盖最落后的国家并解决不平等和歧视问题。因此，"2030 年议程"牢牢扎根于人权。

本评论的目的是确定联合国是否确实采用了一种新的工作方式，并且在一体行进。本章审查了该年度生效的各种经社理事会活动和报告，以评估其对新工作方式的贡献。由于经社理事会开展的活动量很大，因而这次审查是有选择性的，侧重于那些与支持可持续发展目标最相关的活动。因此，尽管所有关键报告都可在 *ARUNA 2016/2017* 的第 3 章中查到，但并非所有事件或报告都会被审查。

首先，本评论将探讨联合国作为实施可持续发展目标的组织所做的工作、它是否真正采用了新的工作方式、它又采取了哪些步骤来实现政策一致性并协调其工作，以协助成员国实现可持续发展目标，从而为经社理事会的审查奠定基础。其次，本评论还将审查经社理事会作为实施可持续发展目标的中心机构所取得的成绩。正如去年的评论所述，经社理事会在其最近的创新活动中充满想象力，特别是建立了可持续发展高级别政治论坛（HLPF），该论坛现已成为经社理事会"王冠上一颗闪闪发光的明珠"。在 7 月的两周内，该论坛汇集了经社理事会在这一年中进行的关于可持续发展目标的研究和讨论的结果。大多数（如果不是全部）经社理事会的活动都是为了支持高级别政治论坛。2017 年 7 月，高级别政治论坛审查了消除贫困（1）、消除饥饿（2）、确保健康生活（3）、实现性别平等（5）、建设弹性的基础设施和可持续工业化（9）、保护海洋（14），以及加强实施力度（17）等可持续发展目标。

（接上页注②）权利"方面取得进展，那么也会改善可持续发展目标 1："终结各地各种形式的贫困"、可持续发展目标 2："消除饥饿，实现粮食安全，改善营养状况和促进可持续农业"和可持续发展目标 3："确保健康的生活方式，促进各年龄段人群的福祉。"

二 联合国为"行动一体"采取的措施

联合国系统，包括经社理事会在内，正在采用一种新的工作方式，以期协调思想、工作习惯和工作方针来实现可持续发展目标。大多数联合国组织正在努力使其运作与可持续发展目标保持一致，有些组织正在优先考虑那些最接近其核心任务的目标。此外，他们正在分析现有计划如何支撑可持续发展目标，并在短时间内取得成果。一些组织已经开发了用于报告可持续发展目标结果的监测系统。[1] 联合国发展集团（UNDG）[2] 为协助成员国，制定了自愿国家审查指南。该指南描述了国家审查的框架以及其建立过程中应有的程序，同时包括审查中涉及的利益相关者清单以及报告进展情况的清单。曾被视为不相关机构的区域委员会正在与联合国区域发展集团合作，通过举办一系列研讨会和制定发展蓝图来协助成员国起草其自愿国家审查指南，实现可持续发展目标。这些研讨会还确定了实现可持续发展目标的具体区域挑战，因此是对秘书长进度报告的宝贵前期准备。区域委员会、区域发展集团和联合国国家工作小组之间的新合作精神是支持可持续发展目标的良好开端。成员国也支持可持续发展目标：65 个国家完成了自愿国家审查，为实现可持续发展目标打下了基础。

---

[1] A/RES/72/75 – E/2017/56，同前引述，第 12 页。

[2] 包括开发计划署、儿童基金会、人口基金、粮食计划署、人权高专办、联合国妇女署、联合国项目事务厅、联合国艾滋病规划署、联合国人居署、毒品和犯罪问题办公室、卫生组织、环境规划署、农发署、农发基金、贸发会议、教科文组织、粮农组织、联合国非洲发展组织、联合国非洲经委会、联合国欧洲经委会、西亚经委会、欧安组织、欧共体理事会、环境规划署、难民专员办事处、联合国卫生组织、世界气象组织、国际电联和国际移徙组织。

三 发展部门的业务活动（2017 年 2 月 28 日~3 月 2 日）

联合国系统在发展方面的业务活动是联合国各实体为促进发展中国家的发展和福利而开展的活动。它们涵盖长期发展活动以及短期关注人道主义的活动。经社理事会实质性会议的业务活动使理事会能够制定全系统标准（System-wide Standards），以指导联合国各实体的工作。2017 年主要考虑了联合国发展系统（UNDS）是否满足"2030 年议程"所要求的整合与协调的要求。副秘书长阿米娜·穆罕默德（Amina Mohammed）强调："2030 年议程"要求联合国发展系统进行自我改革来更好地为成员国服务。联合国各实体必须停止在不同的任务、工作计划、预算系统和规则所形成的"孤岛"中运作。

联合国发展系统必须切换到通用操作平台和公共后台。目前的联合国发展系统高度分散，在 180 个国家拥有 1432 个办事处。[①]

联合国各实体的行政首长证实，其战略计划基于"2030 年议程"中提出的愿景。成员国强调，每个实体的战略计划也必须与其他实体的计划保持一致，以便最大限度地共同支持联合国系统。此外，一些成员国强调了联合国驻地协调员在确保对该系统的联合支持与国家发展计划保持连贯且一致上的重要性。他们表示，空有一番好意不足以确保联合国驻地协调员的有效领导，因此需要赋予他们实际的权力。[②]

---

① 联合国文件，"The Future We Want, the UN System We Need"，经社理事会独立顾问小组论文，第 4 号（Organizational Arrangements and Capacities in UNDS：Supporting the Realization of the 2030 Agenda for SustainableDevelopment），2016 年 7 月，第 56 页，https://www.un.org/ecosoc/sites/www.un.org.ecosoc/files/files/en/qcpr/ecosoc-dialogue-publication.pdf。

② 经社理事会，发展部分的业务活动，2017 年 2 月 28 日至 3 月 2 日，经社理事会副主席，智利常驻联合国代表克里斯蒂安·巴罗斯大使（Cristián Barros）阁下的摘要，https://www.un.org/ecosoc/sites/www.un.org.ecosoc/files/files/en/oas/2017-oas-vp-summary.pdf。

需要说明的是，联合国开发计划署（UNDP）管理驻地协调员系统，而联合国开发计划署由整个联合国系统所共有，因此驻地协调员代表了整个联合国系统。驻地协调员仍会对开发计划署的国家方案负责。

成员国和所有利益相关方之间关于重新定位联合国发展系统的经社理事会对话的结果将在 *ARUNA* 评注的其他章节进行讨论。重新定位的建议包括设立一个可持续发展委员会，指定副秘书长担任可持续发展副秘书长；根据职能不同重组联合国系统，合并预算；将实际情况与国家需求相结合；建立合作伙伴的机制以确保采取共同的方案；以及建立一个能保证国际公务员制度一体化的人力资源政策。① 每四年一次的全面政策审查是目前治理联合国发展系统的唯一工具，有人建议在 2020 年制定一种新的四年期审查制度，采取战略性方法，重点监测和报告联合国发展系统在实现"2030 年议程"方面的成果。在经社理事会的业务部分中，还讨论了为联合国发展系统业务活动提供资金的主要趋势。这些趋势将在下一节有关人道主义的部分进行评估。

四 人道主义部分：恢复人道，不让任何一个人掉队：共同努力减少人道主义的需求、风险和脆弱性
（2017 年 6 月 21~23 日）

显然，可持续发展目标要求联合国发展系统在强化治理、伙伴关系和资金的支持下，在思想、计划和运作方面通过整体行动来确保"2030 年议程"的实现。人道主义分会是讨论和应对席卷全球的令人震惊的人道主义危机的重要平台。在深入研究本次会议的实质内容之

---

① 联合国大会文件，"Quadrennial Comprehensive Policy Review of Operational Activities for Development of the United Nations System：Recommendations"，秘书长报告，A/RES/71/292/Rev.1，2016 年 9 月 27 日，第 5 页。

前，有必要了解为人道主义援助提供资金的趋势以及遇到的挑战。秘书长报告所提供的数据涵盖了从事发展活动的 34 个联合国基金、方案和机构。[①] 2015 年的发展活动资金占整个系统活动总资金（446 亿美元）的近 60%（267 亿美元），维和行动占近 20%（88 亿美元），准则制定、政策和职能宣传占剩余的 20% 多一点（91 亿美元）。

由于非核心资源形式的捐款份额有所增加，发展基金的长期性质发生了变化，其中大部分资金专门用于具体项目和活动。非核心资金从 53%（2000）上升至 71%（2015）。这削减了联合国实体在使用其资源方面的灵活性和自由裁量权。如果单独显示联合国人道主义资金和发展资金，可以看到由于伊拉克、叙利亚和也门的冲突导致的人道主义拨款激增。因此，西亚在业务活动支出中的份额从 2010 年的 12% 跃升至 2015 年的 25%。与此同时，流向最不发达国家（LDCs）、内陆发展中国家（LLDCs）以及小岛屿发展中国家（SIDS）的资金份额已然减少。

鉴于人道主义需求不断增加，这一趋势可能会持续下去。国家层面近一半的支出用于人道主义援助。今后的挑战将是在保护一切发展成果和促进长期可持续发展的同时提供紧急人道主义援助。2015 年，仅 3 个捐助国的捐款就占了各国政府捐款总额的 47%，这进一步加剧了支出的变化。这些趋势将使联合国在"不让任何一个人掉队"方面难以发挥其作用。

人道主义分会为每个参会者准备了联合国加强紧急人道主义援助协调的背景文件。[②] 正如以下讨论所示，该部分的参与者认为，由于

---

① 联大/经社理事会文件，"Implementation of General Assembly Resolution 67/226 on the Quadren-nial Comprehensive Policy Review of Operational Activities for Development of the United Nations System：Funding Analysis"，秘书长报告，A/RES/72/61 – E/2017/4，2016 年 12 月 28 日。

② 联大/经社理事会文件，"Strengthening of the Coordination of Emergency Humanitarian Assis-tance of the United Nations"，秘书长报告，A/RES/72/76 – E/2017/58，2017 年 4 月 13 日。

冲突、自然灾害、家庭和气候变化导致的人道主义援助成本上升正在引发资金流失。然而，如果陷入危机的 1.41 亿人，包括因冲突而流离失所的 6560 万人和需要粮食援助的 7000 万人被忽视，那么"2030 年议程"就无法实现。联合国及其合作伙伴以 40 个国家的 9620 万人为目标，提供人道主义援助。上述是迄今为止使用资金规模最大的人道主义援助，为 221 亿美元，其中捐助者出资 126 亿美元，资金缺口为43%。① 这是第二次世界大战后最大的一次人道主义危机。

主管人道主义事务的副秘书长考虑得更长远，称其为"惊人的"危机。时常发生的旷日持久的武装冲突是当前新常态。联合国难民事务高级专员办事处宣布，因为资金难以跟上，人道主义援助系统并非旨在处理长期的流离失所问题。由于 80% 的人道主义危机是冲突造成的，安理会必须采取行动。否则，如果安理会没有采取行动去终止冲突，经社理事会的改革和成就将无法实现。

与会者讨论了 2016 年 5 月在伊斯坦布尔举行的世界人道主义峰会上通过的"人道主义议程"。该议程的焦点从提供援助转向终止（对外界支持的）需求的必要性。他们声称这是一种新工作方式的基石。② 新的工作方式应使联合国系统能够以集体行动的方式支持受冲突、自然灾害和饥荒影响的人们，从而减少风险、需求和脆弱性。捐助者强烈要求在 2020 年之前将 25% 的资金分配给当地救援人员，以提高当地的恢复能力。在由无政府主义者引起的冲突地区提供援助存在许多新问题。通常来说，（政府和）无政府主义者故意针对学校、医院、礼拜场所和其他民用基础设施，援助工作者自身也会受到攻击，遭到

---

① A/RES/72/76 - E/2017/58，同前引述，第 2 页。

② 新的工作方式于 2016 年 5 月通过，由前秘书长和八个联合国人道主义和发展实体签署并得到世界银行和国际移徙组织核可的联合行动承诺；见联合国大会文件，"International Cooperation on Humanitarian Assistance in the Field of Natural Disasters, From Relief to Development"，秘书长的报告，A/RES/71/329，2016 年 8 月 12 日，第 31 段。

杀害、伤害、威胁、绑架和性侵犯。此外，如果救援人员试图就安全运送援助物资进行协商，他们通常会被视为与无政府主义者勾结的罪犯。与会者呼吁豁免那些协助或与这些无政府主义者谈判的援助和医疗工作者。他们认为平民拥有同样的人道主义援助权，即使他们的领土是由无政府主义者（恐怖分子）控制的。一个引人注目的例子是60％的产妇死亡和53％的5岁以下儿童死亡发生在冲突地区。因此，与这些无政府主义者进行对话需要一个安全的地方。①

乌干达便是一个由于来自南苏丹的120万难民涌入而有可能失去其发展成果并重新跌落至更深层次的贫困的例子：每天有2000人越过乌干达边境。需要采取"社会整体"方案，不仅能照顾难民，而且还能缓解对东道国的压力。

埃塞俄比亚是建立恢复能力的成功案例。联合国驻地协调员和人道主义协调员奥诺奇（Ahunna Eziakonwa-Onochie）实施了一种新的工作方式以满足当地的需要。埃塞俄比亚摆脱了由厄尔尼诺造成的令尼日利亚、索马里、南苏丹和也门的2000万人陷入困境的干旱和饥荒。埃塞俄比亚之所以幸免于难是因为它处于和平状态，且已经建立了能确保获得食物和水的必要基础设施，并且还有一个由欧洲联盟捐助者支持的社会安全网。联合国驻地协调员采用了新的工作方式来应对干旱：她利用发展援助基金进行预防。她灵活地在发展和紧急情况之间转移资金，快速追踪水资源开发资金：没有提供紧急水车，而是开发了水井。她说："干旱不是紧急情况，因为你可以为它做好计划。自然灾害本身不是灾害，我们没准备好才是一场灾难。"然而，她补充到，目前大多数危机都是"旷日持久"的，而这一新常态正在破坏可持续发展目标。她最后总结道："我们成功了，但仍然需要帮助。我

---

① A/RES/72/76 - E/2017/58，同前引述，第9～10、13页。

们做得好的回报是减少了资金需求。"①

埃塞俄比亚的案例突出了人道主义援助与发展之间的关系。发展援助必须帮助人们自力更生，并建立起对未来冲击的抵御能力。这需要联合国发展系统（UNDS）更好地统筹规划和部署，并支持旨在提高国家抵御能力的建设方案。为了从救济转向长期发展，人道主义的应对需要一个长远的架构，并且必须与发展规划过程联系起来。

会议提出的建议总结如下：

- 成员国必须履行官方发展援助承诺，并且资金必须灵活且长期。
- 必须将地方发展行动纳入人道主义援助工作。
- 长期冲突需要政治解决方案。
- 所有参与者都必须遵守人道法，并允许弱势群体进入。
- 成员国必须确保那些违反人道法的人不会逍遥法外。
- 就提供援助与无政府主义者进行谈判需要合法化。

关于加强联合国紧急人道主义救援协调的决议已经正式通过。②对成员国所关心的受武装冲突和灾难影响的弱势群体，这是一个具有广度和深度的有力解读。这表明人道主义行动领域的复杂程度和雄心达到了一个新的高度。③

---

① 联合国发展署协调员奥诺奇在经社理事会关于"长期危机：满足需求和减少需求，风险和脆弱性"主题小组讨论会上的发言，日内瓦，2017 年 6 月 22 日。

② 经社理事会文件，"Strengthening of the Coordination of Emergency Humanitarian Assistance of the United Nations"，理事会副主席尤尔根·舒尔茨（Jürgen Schulz）根据非正式协商提出的决议草案，E/2017/L. 24，2017 年 6 月 14 日。

③ 红十字国际委员会雨果·斯里姆（Hugo Slim）在人道主义事务分会的发言，经社理事会，日内瓦，2017 年 6 月 23 日，https://www.icrc.org/en/document/strengthening-coordination-emergency-humanitarian-assistance-united-nations。

五 综合部分：消除贫困是所有政策不可或缺的
一个目标：需要什么？
(2017 年 5 月 8 ~ 10 日)

这部分为讨论消除贫困的综合决策的国家方案和建议提供了一个平台。综合政策被定义为最大化可持续发展在经济、社会和环境等方面的利益，并最大限度地减少不同目标之间的权衡取舍。各职能委员会和附属机构在该部分为经社理事会在消除贫穷方面做出了贡献。同样，许多成员国重申将致力于执行"2030 年议程"和"不让任何一个人掉队"的国家发展计划。与会者强调了社会包容的重要性，为了不让任何一个人掉队，赋予妇女权利以及教育青年和保护小农的目标至关重要。

胡安·索马维亚（Juan Somavía）大使承认，综合挑战是"摆在我们面前的最大挑战"。然而，联合国"没有现成的能力"来协助各国整合决策。他建议成立一个联合国发展系统工作小组，就"如何做"政策整合提出建议；他补充道："我们知道'什么'是要做的（消除贫困），现在我们需要想出'如何'做到这一点的办法。"① 来自斯里兰卡的卡琳·费尔南多（Karin Fernando）告诫说：各国都面临着实现可持续发展目标的压力，他们都有选择最容易实现的目标的潜在风险。因此，政策制定者能够察觉到经济、社会和环境问题之间的联系是十分重要的。她举了一个例子，不好的食物（SDG 2）将损害健康（SDG 3），这二者所涉及的农业和健康问题通常是脱钩的。可持续发展目标有许多切入点，找到关键的可持续发展目标尤为重要。为了促进政策一体化，斯里兰卡已将可持续发展目标的实施与其国家各

---

① 智利外交学院院长胡安·索马维亚的发言，经社理事会 2017 年整合性分会，第 2 场会议（跨境政策整合），纽约，2017 年 5 月 8 日。

部委联系起来。①

在巴西，为整合各种促进农业、营养、健康和教育的项目，建立了零饥饿（Zero Hunger）政策框架。像"家庭补助"（Bolsa Familia）之类的社会保障计划通常附有入学、体检和免疫接种等条件，因此它们不仅促进了食品安全，同时还提升了国民健康和教育水平。② 在秘鲁，20% 的人口生活在贫困中，3% 的人口处在极度贫困中。为消除农村地区弱势群体的贫困，该国采取了一整套有针对性的方法，涉及水资源管理、市场准入和农业承载力建设。农村发展政策包括对土著居民、小农、妇女和青年的投资。③

马里奥·马罗昆（Mario Marroquín）举例说明了中美洲区域层面的政策整合如何实现不同发展目标间的衔接。萨尔瓦多、危地马拉和洪都拉斯建立了一个三国生物圈保护区，用于水、鱼、森林、粮食和环境的可持续发展。该政策促进了产业活动的多样化，包括咖啡生产、针叶林利用和农业旅游。该地区人民实现脱贫的方法不多，因此只有通过多样化和更富生产率的生产活动才能同时实现脱贫环境保护目标。④

其他国家如马尔代夫正处于艰难时期，因为该国 1200 个岛屿分散在一个较大范围内，其中只有 180 个岛屿是有人居住的。尽管该国没有运输基础、没有出口基础、没有伙伴关系，并且其经济是由中小型企业（SMEs）组成的，发展规划委员会（CDP）仍于 2004 年（2007

---

① 贫穷分析中心卡琳·费尔南多的发言，经社理事会 2017 年整合性分会，第 2 场会议（跨境政策整合），纽约，2017 年 5 月 8 日。

② 金砖国家政策中心保罗·路易斯·莫劳克斯·拉维尼·埃斯特维斯（Paulo Luiz Moreaux Lavigne Esteves）的发言，经社理事会 2017 年整合性分会，第 3 场会议（国家经验），纽约，2017 年 5 月 9 日。

③ 秘鲁常驻联合国代表古斯塔沃·梅扎·卡德罗（Gustavo Meza-Cuadro）的发言，经社理事会 2017 年整合性分会，第 3 场会议（国家经验），纽约，2017 年 5 月 9 日。

④ 马里奥·马罗昆的发言，经社理事会 2017 年整合性分会，第 2 场会议（跨境政策整合），纽约，2017 年 5 月 8 日。

年生效）决定将该国从最不发达国家（LCDs）类别中剔除。而失去这一身份通常会削减优惠融资。但就在发展规划委员会决定对该国进行重新分类的六天后，海啸袭来，摧毁了马尔代夫 60% 的 GDP。令马尔代夫代表感到遗憾的是小岛屿国家的脆弱性被忽视了，他说："虽然我们可以从最不发达国家中脱离出来，但我们永远不能脱离是一个小岛国的事实。"①

关于伙伴关系的可持续发展目标 17 是经社理事会许多部分讨论的对象，综合部分也不例外。一个代表团指责联合国仍在博弈合营或公私合营，以资助可持续发展目标。他问这是否就是解决问题的路径？似乎很少有人关心伙伴关系对发展以及联合国声誉的影响。但令人遗憾的是，有许多公私合营（PPPs）的案例出现了问题。

2013 年，世界银行的国际金融公司（IFC）发表了一份报告《妇女就业投资：对企业有利，对发展有利》。② 报告最关注的例子是巴西建筑公司 Odebrecht 启动了一项 900 万美元的计划，用于培训和雇用女性建筑工人。除了在巴西开展活动外，该计划还在其他 9 个该公司有建设项目的国家施行。因此，该公司仅用了全球 1000 亿美元收入的一小部分便得到了世界银行的认可和赞誉。然而，Odebrecht 公司很快就被曝光花了 8 亿美元行贿，涉及过去 15 年内的 100 份合同。它甚至还有一个贿赂部门，即结构化运营部门。该公司现已被美国司法部罚款 35 亿美元③，包括首席执行官马塞洛·奥德布雷希特（Marcelo Odebrecht）在内的高管也锒铛入狱。因此，"Women Washing"（以妇女之名洗白）

① 来自马尔代夫的小岛屿国家联盟主席艾哈迈德·萨雷尔（Ahmed Sareer）的发言，经社理事会 2017 年整合性分会，第 3 场会议（国家经验），纽约，2017 年 5 月 9 日。

② 国际金融公司，"Investing in Women's Employment: Good for Business, Good for Development"，华盛顿，2013 年，第 91~96 页。

③ 帕特里克·吉莱斯皮（Patrick Gillespie）和玛瑞里娅·布拉凯多（Marilia Brocchetto），"This Company Created the World's Largest BriberyRing"，*CNN MONEY*，2017 年 5 月 5 日，http://money.cnn.com/2017/04/05/news/economy/odebrecht-latin-america-corruption/index.html。

可能与"Green Washing"（以绿色发展之名洗白）一样糟糕，如果没有适当的审查，这些公私合营关系可能会给联合国造成道德损害。①

综合部分第 5 场会议专门讨论了非洲问题。如果想不让任何一个人掉队，可持续发展目标就必须在非洲取得成功。非洲是最富饶的大陆，但却是世界上 4 亿贫困人口、3 亿没有安全饮用水人口、7 亿没有卫生设施人口的家园。来自乌干达的 Irene Ovonji-Odida 断言，非洲并不仅是贫困，而且还在进一步贫困化。过去建立起来的经济体系是剥削性的，而这些年该体系毫发无损，仍一如既往地运行。2012 年的非法资金流动（IFFs）估计有 600 亿美元。她认为姆贝基（Mbeki）在关于非法资金流动的报告中的建议是非洲发展的关键。她将非法流动比喻为一个泄漏的水龙头，并且问道："非洲是不是仅仅打算拖个地或插上水管？"② 鉴于这些资金流动的跨境性质，有必要在银行保密、缺乏透明度和问责制方面采取全球政治行动。由于缺乏数据、缺乏对滥用转让定价机制的认知、虚假发票和偷税漏税以及缺乏体制结构，非洲国家无法控制这些资金流动。她还强调了其他问题：非洲将不会从青年人口膨胀中获得人口红利，因为非洲没有投资青年的技能发展。她还为非洲的贫困问题提出了几个解决方案：

- 快速发展农业和农村发展，促进农用工业的工业化和增值；
- 投资青年的技能发展；
- 简化商业流程；
- 执行姆贝基关于非法资金流动报告中的建议。③

---

① 第三世界研究所执行主任兼乌拉圭社会观察协调员罗伯托·比西奥（Roberto Bissio）的发言，可持续发展高级别政治论坛（HLPF），第 8 场会议，纽约，2010 年 7 月 12 日。
② 乌干达国际行动协会国际主席艾琳·奥文吉·奥迪达（Irene Ovonji-Odida）的发言，经社理事会 2017 年整合性分会，第 5 场会议（消除非洲贫困），纽约，2017 年 5 月 10 日。
③ 乌干达国际行动协会国际主席艾琳·奥文吉·奥迪达（Irene Ovonji-Odida）的发言，经社理事会 2017 年整合性分会，第 5 场会议（消除非洲贫困），纽约，2017 年 5 月 10 日。

与会者推测为什么姆贝基的报告没有被认真对待，认为这是由于最高层的腐败，以及诚信和领导力的问题。据估计，60%的非法资金流动来自跨国企业的交易，包括合法交易和非法交易。鉴于问题是跨边界的，需要采取域外办法。有人建议跨国企业需要按国别基准（Country-by-country-Basiss）提供报表。因此，非法资金流动的问题便不仅仅是非洲的问题，而是每个国家都面临的问题。与会者认为联合国可以发挥特殊作用，同时奥文吉·奥迪达（Ovonji-Odida）女士认为，可以通过制定税收标准来实现这一目标。她批评经合组织对非法资金流动的处理方式不全面，只反映了发达国家的利益。① 还有人提议将联合国国际税务合作专家委员会升级为政府间机构。该提案遭到了经合组织成员国的反对，它们更愿意这个问题的政府间工作在经合组织的权限内进行。

六 发展筹资论坛（2017年5月22~25日）

2015年7月举行的第三次国际发展筹资问题会议通过了《亚的斯亚贝巴行动议程》"（*Addis Ababa Agenda for Action*）。它包含了100项关于可持续发展资助和支持可持续发展目标的具体措施。因此，该行动议程为实现可持续发展目标奠定了财务基础。尽管论坛每个参与者的费用为3万亿~6万亿美元，但联合国尚未估算全球每年为实现可持续发展目标的成本。② 该议程还分为几个行动领域，包括国内资源、私人融资、国际发展援助、贸易和债务。实现可持续发展目标的融资

① 乌干达国际行动协会国际主席艾琳·奥文吉·奥迪达（Irene Ovonji-Odida）的发言，经社理事会2017年整合性分会，第5场会议（消除非洲贫困），纽约，2017年5月10日。

② 印度YES研究所高级主席普雷蒂·西纳（Preeti Sinha）的发言，经社理事会，发展筹资问题论坛，纽约，2017年5月24日。

需求很大，只有在资金流动和政策与可持续发展目标保持一致的情况下才能满足这些需求。2017 年"发展筹资：进展与前景"报告审查了上述领域的进展情况。① 正如下文所述，它所描绘的总体情况相当悲观。

论坛的部长级和专家级讨论同样悲观，并批评了由于非法资金流动和私人投资、贸易和援助的下降造成的资源调动方面的不足。压倒性的观点是：2016 年极具挑战性的全球环境危及了 2030 年前消除贫困目标的实现。增长乏力、大宗商品价格大幅下跌、贸易增长放缓、外商直接投资（FDI）大幅下降、官方发展援助从最不发达国家转移以及人道主义危机加剧，已经并且仍会严重拖累可持续发展目标的实现。世界银行集团的发言人指出，全球 3/4 的穷人生活在压力很大的国家。②

（一）机构间工作小组关于发展筹资的报告

2016 年世界生产总值增长了 2.2%，全球需求疲软使企业减少对出口导向型行业和大宗商品行业的投资，从而抑制了贸易。全球贸易在 2015 年下降了 10%，并在 2016 年停滞不前。③ 收缩不仅发生在商品部门，也发生在制造业、农业和服务业。目前的贸易停滞可能是新常态，特别是在一些国家保护主义抬头的情况下。2015～2016 年，外国直接投资下降了 2%，而发展中国家的投资则下降了 14%。虽然全球储蓄被认为足以实现可持续投资，但它们并未投资可持续发展。对

① 联合国报告，"Financing for Development: Progress and Prospects, 2017 Report", Inter-agency Task Force on Financing for Development, https://www.un.org/pga/71/wp-content/uploads/sites/40/2017/06/Report_IATF – 2017 – min. pdf.

② 世界银行集团发展筹资顾问大卫·奎伊尔（David Kuijper）的发言，经社理事会，发展后续行动筹资论坛，小组讨论，纽约，2017 年 5 月 24 日。

③ 联合国贸易和发展会议（UNCTAD），Key Statistics and Trends in International Trade 2016，2017 年。

交通、能源、水和卫生的投资是实现可持续发展目标的先决条件。发展中国家的基础设施投资缺口每年为 1 万亿~1.5 万亿美元。[1] 在发达国家，公共投资占基础设施投资的 33%，而其余部分由私营部门提供；而在发展中国家，给基础设施提供资金的负担落在了公共投资上，需要提供的投资超过总需求的 50%。[2] 私营部门的共同问题是发展中国家缺乏可投资项目。

（二）国内资源调动

报告审查的第一个部分就是国内资源调动。国内公共财政对于提供公共产品和服务至关重要。如果税收收入低于 GDP 的 15%，一个国家就无法提供基本服务。然而，最不发达国家中有一半都没有达到这个比例。在冲突地区和非法资金流动很大的地方，增加税收很困难。在税收管理薄弱的地方，很难阻止税务欺诈、逃税和恶意的税收筹划。据 20 国集团/经合组织估计，2015 年因避税导致的全球收入损失为 1000 亿~2400 亿美元。[3]

国际组织为协助发展中国家抑制逃税已经采取了一些举措。经合组织和 20 国集团在 2014 年达成的"共同报告标准"（Common Reporting Standard）呼吁各司法管辖区从各自的金融机构获取金融账户信息，并自动进行交换，以终结银行保密。如果向其所在司法管辖区的当局报告，《多边主管当局协议》（MCAA）便有助于跨国企业按国家/地区交换财务报告。如果国家加入《多边主管当局协议》，这些报告便可以在税务管理部门之间自动交换。这份新的报告标准于 2017 年在已同意的 57 个司法管辖区中的大多数区域已经生效。此外，经社理

---

① *Financing for Development, Progress and Prospects, 2017 Report*，第 7、12 页。

② 国际货币基金组织战略与政策审查部主任西达思·蒂瓦里（Siddarth Tiwari）的发言，经社理事会，发展筹资问题论坛，小组讨论，纽约，2017 年 5 月 24 日。

③ *Financing for Development, Progress and Prospects, 2017 Report*，第 31、37 页。

事会还通过了联合国税务委员会提出的《联合国打击国际逃税合作行为守则》。① 税务委员会还制定了税收协定的新模式、新的转让定价手册以及关于采掘垦殖工业税收的新手册。②

由于其保密性质,无法估计非法资金流动的全部范围。姆贝基报告详尽研究了非法资金流动的范围和影响。③ 报告将非法资金流动定义为非法获取、转移或利用资金。这些资金通常有三个来源:商业逃税,包括贸易虚假发票、错误定价和滥用转让定价;犯罪活动,包括毒品交易、人口贩运、非法武器交易和走私违禁品;腐败政府官员的贿赂和盗窃。姆贝基的定义使用了"不正当"(illicit)而不是"非法"(illegal)一词,因为它还囊括了那些包括避税在内的规避规则和规范的资金流动,这同时包括税基侵蚀和利润转移等规避税收的行为。

非法资金流动导致了非洲的贫困、不平等和税制退化。根据嘉(Kar)和卡特赖特-史密斯(Cartwright-Smith)估计,非洲在 2008 年由于非法资金流动几乎损失了 1000 亿美元,尼日利亚在 1970～2008 年损失约 2177 亿美元。④ 据非洲经济委员会估计:2005～2010 年,非洲每年损失 250 亿～550 亿美元。⑤ 非洲税务管理论坛估计非洲 1/3 的财富在海外。姆贝基的报告发现:大型商业公司是非法资金流动的罪魁祸首,其次是有组织犯罪和治理薄弱。大公司拥有法律、会计和银行方面的专业知识去开展激进和非法的活动。这些商业活动占非洲非法资金流动的 65%。由于非法资金流动最终会到达某个地方,目的地

---

① 参见 *ARUNA 2016/2017* 经社理事会决议第 3. C 章,"United Nations Code of Conduct on Co-operation in Combating International Tax Evasion",E/RES/2017/3,2017 年 6 月 30 日。

② *Financing for Development,Progress and Prospects,2017 Report*,第 37～39 页。

③ 联合国非洲经济委员会报告,"Illicit Financial Flows:Why Africa Needs to 'Track it,Stop it and Get it'",2014 年非洲非法资金流动问题高级别小组,https://www.uneca.org/sites/default/files/PublicationFiles/illicit_financial_flow_why_africa_needs.pdf。

④ Dev Kar and Devon Cartwright-Smith,*Illicit Financial Flows from Africa:Hidden Resourcefor Development*(Washington,DC,Global Financial Integrity 2010).

⑤ *Financing for Development,Progress and Prospects,2017 Report*,第 43 页。

国家在防止流动和帮助这些非法资金流返还给非洲国家方面发挥了一定作用。尽管如此，很少有国家将非法资金返还给原籍国。虽然这是一个非洲问题，但姆贝基的报告呼吁"全球统一行动"。在许多人看来，全球合作只是嘴上说说而已，而合作的缺乏可归因于发达国家不想限制其国家龙头企业的活动。但同时非法资金流动不仅仅是一个非洲问题，据拉丁美洲和加勒比经济委员会（CEPAL）称，拉丁美洲和加勒比地区每年损失 500 亿～1000 亿美元。[①] 经合组织开发计划署（OECD-UNDP）倡议的"无国界税务检查员"以及经合组织论坛就税收管理的能力建设网络（Capacity Building Network of the OECD Forum）在处理非法资金流动方面尚未取得很大进展。税务稽查员协助审计跨国企业，但由于许多跨国企业都有来自发达国家的会计师事务所，因此他们有可能促成一个更薄弱的经合组织税收政策。联合国税务委员会目前人员和资金都不充足，且缺乏地域代表性。[②] 厄瓜多尔重申了乌干达的建议，即联合国税务委员会应改为一个政府间机构。

（三）国内和国际的私营企业融资

私营部门的短期目标很难与可持续发展的长期目标保持一致。私营部门包括从个人家庭经营到中小企业，再到跨国企业，从直接投资者到金融中介的不同参与者。成员国自愿参与审查主要出于纳入国家可持续发展战略的考虑；并由考虑了全部金融资源的国家财政框架加以补充。私营部门对就业和创收的贡献受到若干因素的制约。

创建或扩展业务最常提到的障碍之一是融资的获取。对于在发达国家和发展中国家提供大量工作机会的中小企业而言，获得融资尤其

---

① *Financing for Development，Progress and Prospects，2017 Report*，第 43 页。

② 厄瓜多尔外交部国际组织副秘书长卡罗拉·伊尼古兹·赞布罗诺（Carola Iniguez Zambra-no）的发言，经社理事会，发展筹资融资论坛，部长级圆桌会议第 3 场，纽约，2017 年 5 月 23 日。

困难。根据国际商会的统计，60%的中小企业难以获得融资。经合组织的数据证明，中小企业受到大萧条的严重打击，而且大多数国家尚未收回商业银行贷款的份额。中小企业的信贷需求未得到满足，缺口达3.9万亿美元，女性所有的中小企业80%没有得到服务或服务不足。[①]

私营部门在可持续或长期发展投资中面临的最大障碍是大多数企业高管都有季度业绩的压力。养老基金等机构投资者也有规避风险和最大化收益的信托责任。因此，他们不会投资让穷人受益的活动和领域，这些穷人极有可能处在环境脆弱、受冲突影响以及脆弱的国家。多边开发银行和发展融资机构可以通过共同投资、担保、混合融资和公私合营来减轻私营部门的这些风险。世界银行集团的发言人乐观地认为，通过这些金融创新可以为私营部门争取到投资。[②] 据他估计，发展融资机构间工作组已经提出了许多想法来降低风险，借此走上正轨。已经有一些举措使商业活动与可持续发展保持一致，包括联合国"全球契约""赤道原则"和联合国支持的"负责任投资"原则。

最近一些外国直接投资的崩溃，特别是在最不发达国家的投资减少，是实现可持续发展目标的另一个障碍。此外，一些双边投资条约和协定也破坏了环境和社会目标。一些发展中国家因为害怕因国际投资争端而被起诉，不愿意接受新的环境和社会政策。

（四）国际发展合作

虽然官方发展援助（ODA）2016年实际增长8.9%，达到1426亿美元，但对最不发达国家的双边官方发展援助实际下降了3.9%。许

---

① *Financing for Development，Progress and Prospects，2017 Report*，p. 50。
② 戴维·奎柏（David Kuijper）的发言，经社理事会，发展筹资融资论坛，部长级圆桌会议第3场，纽约，2017年5月23日。

多发达国家仍然没有兑现其官方发展援助承诺，只有 6 个国家完成了这些承诺。一些紧急情况正在将官方发展援助从发展项目中转移出去，并且对难民的支出增加了 27.5%。[①]

（五）国际贸易

国际贸易可以成为包容性经济增长和脱贫的引擎。然而，贸易增长表现不佳，贸易增速从 2003～2007 年的每年约 7% 下降到目前的 1.9%。[②] 大萧条期间对货币政策的依赖和对财政支出的排斥影响了全球需求。联合国贸发会议代表认为，增长和投资放缓、不平等加剧等现象将会是新常态。正当可持续发展目标要求进行大规模投资时，全球需求下降和政策失误导致了投资放缓。投资减少是因为尽管企业利润在不断增长，但是却流向了股票回购和股息，而非投资。2009～2015 年，前 100 家公司的超额利润从 16% 增加到 40%。[③] 他指出，在"马歇尔计划"期间，美国将其 GDP 的 1% 用于欧洲。他想知道实现可持续发展目标的成本与全球 GDP 的 1% 相比结果如何。[④]

国际贸易体系必须变得更加自由和公平，世贸组织一直致力于为所有最不发达国家的所有产品提供长期免税和免配额的市场准入。尽管如此，发达国家对最不发达国家的进口关税为农业 0.9%、服装 6.5%、纺织品 3.2%。[⑤] 贸易便利化协议降低了贸易成本，《与贸易有关的知识产权协议》（TRIPS）得到了修订，从而允许了仿制药贸易，

[①] 联合国报告，*The Sustainable Development Goals Report 2017*，第 54 页，https://unstats. un. org/sdgs/files/report/2017/TheSustainableDevelopmentGoalsReport2017. pdf。

[②] 指商品进出口贸易；见 UNCTAD，*Trade and Development Report 2017—Beyond Austerity：Towards a Global New Deal*，2017，第 6 页。

[③] 指商品进出口贸易；见 UNCTAD，*Trade and Development Report 2017—Beyond Austerity：Towards a Global New Deal*，2017，第 125 页。

[④] 贸发会议全球化和发展战略司司长理查德·科祖尔·赖特（Richard Kozul-Wright）的发言，经社理事会发展筹资后续行动论坛，小组讨论，纽约，2017 年 5 月 24 日。

[⑤] *The Sustainable Development Goals Report 2017*，第 56 页。

让最不发达国家负担得起医药费用。但与此同时，保护主义言论也在
增加，世贸组织代表表明应该抵制这种趋势，因为大多数失业人数增
加的原因不是因为进口，而是来自技术进步。[1]

（六）债务

2015 年，非金融部门的全球公共和私人债务总额创下历史新高。
全球总债务为 152 万亿美元，占世界总产值的 225%。其中 2/3 的债务
由私营部门持有。[2] 企业债务水平升高，商品价格冲击以及债券发行
量增加导致总债务比率上升，从而增加了一些非洲国家、最不发达国
家、内陆最不发达国家、小岛屿发展中国家以及中等收入国家债务不
可持续的风险。2016 年，低收入国家的外债占 GDP 的比例为 40%。[3]
2015 年，这些国家的债务偿还占商品和服务出口的 4.5%。[4] 各国需要
通过更好的债务融资、债务减免、债务重组和债务管理来维持可持续
发展的长期债务水平。同时应该改变还款规则，使还款额与偿债能力
挂钩，这也可以在国家受到外部冲击时起到一定保护作用。

（七）与布雷顿森林体系机构共同举行的特殊高级别会议

论坛以联合布雷顿森林体系机构（世贸组织和贸发会议）举行
的特殊高级别会议拉开序幕。克里斯蒂娜·拉加德（Christine Lagar-
de）阐述了国际货币基金组织（IMF）如何通过协助各国努力获取
外部融资并增加其税收收入、减少非法资金流动，以及帮助小国加
强面对灾难时的适应能力，从而支持各国为可持续发展目标筹集资

---

① 世贸组织副总干事约诺夫·弗雷德里克·阿加（Yonov Frederick Agah）的发言，经社理
  事会，发展筹资后续行动论坛开幕式，纽约，2017 年 5 月 24 日。
② *Financing for Development, Progress and Prospects, 2017 Repert*，第 90 页。
③ *Financing for Development, Progress and Prospects, 2017 Repert*，第 91 页。
④ *Financing for Development, Progress and Prospects, 2017 Repert*，第 54 页。

源。世界银行的马哈茂德·莫希丁（Mahmoud Mohieldin）对官方发展援助（1420 亿美元）的增加表示欢迎，但他同时认为数十亿美元还不够，需要数万亿美元来填补 2.5 万亿美元的投资缺口。世贸组织代表约诺夫·弗雷德里克·阿加（Yonov Frederick Agah）表示，贸易增长表现欠佳。主题发言人、开发计划署代理署长泰格埃格奈瓦克·盖图（Tegegnework Gettu）认为，国内资源调动是关键，因此开发计划署正在支持活跃在 19 个国家并调动了 2.78 亿美元国内资源的"无国界税务稽查员"。

在一般辩论期间，荷兰（代表欧盟发言）表示，有必要提升税收能力并就双边税收协定重新谈判。他说，荷兰开发银行拥有 90 亿美元的投资组合，私营部门需要将其投资与可持续发展目标保持一致；为此，需要建立具体的伙伴关系，以便不让任何一个人掉队。①

厄瓜多尔代表卡罗拉·伊尼古兹·赞布罗诺（Carola Iniguez Zam-brano）（代表 77 国集团和中国发言）批评这份成果文件是关于贸易、气候变化、官方发展援助和技术转让的最低限度协议，而不是前瞻性行动的协议。② 她呼吁加强国际合作，打击非法资金流动，并将资产返还原籍国。她表示，77 国集团和中国对当前保护主义言论甚嚣尘上感到担忧。同时，她还对多哈回合谈判缺乏进展十分关切，并呼吁国际社会完成这一轮谈判。鉴于南北发展合作是发展融资的主要渠道，厄瓜多尔认为发达国家对发展中国家的官方发展援助负有主要责任，并敦促它们履行承诺。③ 成果文件是在论坛开始之前进行谈判的，因此未收录为期三天富有成果的讨论所提出的建议。

---

① 布雷顿森林机构、世界贸易组织和联合国贸发会议联合举办的特殊高级别会议，部长级会议，纽约，2017 年 5 月 22 日。
② 经社理事会，发展筹资后续行动论坛，"Outcome Document-cofacilitator's Text"，2017 年 5 月 19 日。
③ 厄瓜多尔外交部国际组织副部长卡罗拉·伊尼古兹·赞布罗诺的发言，经社理事会，发展筹资后续行动论坛，部长级圆桌会议第 3 场，纽约，2017 年 5 月 23 日。

（八）部长级圆桌会议

部长级圆桌会议被认为是论坛议程的主要创新。欧盟委员会代表解释了在新的欧洲发展共识下，欧盟正在如何使其发展政策与可持续发展目标保持一致。2016年欧盟官方发展援助达到755亿欧元，增长了11%，其中联盟方面提供了60%的官方发展援助。但是，公共资源需要以更智慧的方式使用。欧盟的对外投资计划为40亿欧元，有可能因此在私营部门中形成440亿欧元的投资；同样，在发展中国家的高风险部门中产生了880亿欧元投资。①

埃塞俄比亚财政和经济合作部长阐述了他的国家如何将可持续发展目标纳入其国家发展计划和国家全面行动计划。所有政府机构和发展伙伴充分参与了行动计划的制订。它的核心是通过现代化税收管理来动员国内资源，创造一个有利于企业的环境，从而吸引外国直接投资，并强化私营部门在经济中的作用。②

尼泊尔工业部长描述了尼泊尔的严峻形势。尼泊尔是一个内陆的、多山的最不发达的国家，社会极其多样化，拥有125种不同的语言和100种不同的种姓，经历了十年的冲突，并在2015年遭遇毁灭性的地震。该国已经将可持续发展目标纳入其主流发展计划和政策，但有一个显著的问题：实现可持续发展目标的资金缺口。有了新宪法，所有集团都专注于经济和社会发展。为了动员公共和私人资源，并邀请公民和外国投资者进行更多投资，尼泊尔组织了一次投资峰会，承诺投入140亿美元。该国还有大量来自尼泊尔移民工人的汇款流入，

---

① 欧洲委员会国际合作与发展专员奈文·米米察（Neven Mimica）的发言，经社理事会，发展筹资后续行动论坛，部长级圆桌会议第1场，纽约，2017年5月23日。

② 埃塞俄比亚联邦民主共和国财政和经济合作国务部长阿托·阿马苏·内贝贝（Ato Admasu Nebebe）的发言，经社理事会，发展筹资后续行动论坛，部长级圆桌会议第1场，纽约，2017年5月23日。

政府致力于有效利用这些汇款。①

　　危地马拉规划部长表示，其国家发展计划涵盖了可持续发展目标的90%，并且可持续发展目标与公共预算挂钩。但税收占其GDP的比率仅为10.5%，税收收入需要改善。鉴于资源有限，国家需要帮助。并且官方发展援助还必须与可持续发展目标保持一致。这很困难，因为向非政府组织提供的官方发展援助不需要登记注册，所以仅有40%的官方发展援助是注册在案的，这将导致局势分散。②

　　基里巴斯发展和财政部部长表示，在通过17项可持续发展目标时，他们便清楚地认识到将面临挑战，对资源有限的最不发达国家和小岛屿发展中国家而言更是如此。基里巴斯的生计几乎完全依赖海洋。它的发展受到内部市场小、与世界市场隔绝、生产基地狭窄、易受外部冲击和自然灾害、生产、运输和行政服务因地域分散而缺乏规模经济等因素的阻碍。基里巴斯由33个岛屿组成，分布在与印度大小相仿的区域内，气候变化和海平面上升导致其面临的挑战更加严峻。基里巴斯不仅需要加倍努力实现可持续发展目标，还需要应对气候变化问题。

　　实现可持续发展目标的意愿并不欠缺，但财政资源却有限。基里巴斯的代表在会议上听到了为协助可持续发展目标实现而建立的数十亿美元的承诺和伙伴关系，但他们却没有看到这些资源。各种迹象表明，除非采取强有力的行动，否则像基里巴斯这样的国家将被落在发展队伍后面。资源调动需要采取更多的创新性方法，且必须采取严肃认真的措施，建立适当的激励机制，鼓励公共和私人融资。人们不能将旧规则应用于新挑战。首先，基里巴斯有责任解决发展方面的挑战，

---

①　尼泊尔工业部部长纳宾德拉·拉吉·乔希（Nabindra Raj Joshi）的发言，经社理事会，发展筹资后续行动论坛，部长级圆桌会议第2场，纽约，2017年5月23日。

②　危地马拉规划部长米盖尔·安吉尔·埃斯特阿多·莫尔·桑多瓦尔（Miguel Angel Estuardo Moir Sandoval）的发言，经社理事会，发展筹资后续行动论坛，圆桌会议第3场，纽约，2017年5月23日。

但捐助界也必须以更强的紧迫感有效地发挥其作用。①

（九）专题部分与主题圆桌会议

专题部分与主题圆桌会议涉及的领域与机构间工作小组报告相同。就国内资源调动方面的其他问题而言，有人指出，地方或地方政府可以产生多达40%的公共投资。然而，只有8%的国家资源用于地方政府，他们很难从跨国开发银行获得资金和优惠贷款。来自伯利兹市的发言人说："我们必须共同努力，不让任何一个人掉队，并将丰富的全球资源引导到最需要的地区。"② 马拉维和莫桑比克表示赞同：为了不让任何一个人掉队，需要地方政府支持。地方政府与人民关系密切，它们应该拥有可持续发展目标的全部所有权，但65个国家评论中仅有37个提到地方政府。

美国国税局国际业务刑事调查执行主任埃里克·希尔顿（Eric Hylton）告诉论坛，美国国税局是美国唯一可以对税收违法提起刑事指控的机构。自2009年以来，已有18家金融机构被起诉，并被处以50亿美元的罚款。2/3的非法资金流动涉及逃税。他认为必须加强现有的全球执法网络。③ 在尼日利亚，财政部和中央银行正在共同打击非法资金流动，并已采取了一些措施，例如为所有部委建立单一的国库账户和银行核查号码。尼日利亚和挪威正在主办一次关于加强打击非法资金流动合作的会议。

税务司法网络的代表认为，非法资金流动与腐败政权联系紧密。

---

① 基里巴斯财政和经济发展部部长托伊亚·托塔图（Teuea Toatu）博士的发言，经社理事会，发展筹资后续行动论坛，部长级圆桌会议第3场，纽约，2017年5月23日。
② 伯利兹市市长达雷尔·布拉德利（Darrell Bradley）的发言，经社理事会，发展筹资后续行动论坛，圆桌会议A（国内和国际公共资源），纽约，2017年5月24日。
③ 美国国税局国际业务刑事调查司（IRS）的执行主任刑事调查执行主任埃里克·希尔顿的发言，经社理事会，发展筹资后续行动论坛发言，专家讨论第1场："促进国际合作打击非法资金流动，促进可持续发展"，纽约，2017年5月25日。

例如，瑞士在零腐败的认知方面做得很好，但它促进了腐败流动。据说最近瑞士银行（UBS）和附近餐馆的洗手间里有人企图冲进数百万欧元，堵塞了日内瓦的下水道系统。^① 可持续发展目标中的非法流动议程已意识到，金融保密制度正是阻碍国内资源流动和良好治理方面的关键。还有一些故意的失败，比如大型股票市场不透明的企业会计制度，以及银行财务信息交换的失败。瑞士已经签署了经合组织的多边信息交换程序，但拒绝向所有低收入国家提供信息，仅仅是因为这些国家不像美国那样面临同样的威胁。他关切的是，在为可持续发展目标制定目标的过程中，跨国企业试图将避税从非法资金流动的定义中剔除。尽管如此，据美国国税局发言人说，在大多数国家，商业逃税是非法流动的最大因素。在许多情况下，这是产生贸易虚假发票的基础。然而，国际货币基金组织和企业游说者现在都在施压，要求将其从可持续发展目标 16.4 中剔除。透明度是阻止非法资金流动的关键。财务信息需要进行自动交换；披露公司、信托和基金会的利益所有权；跨国企业需进行逐国报告。^②

尼日利亚、加纳、厄瓜多尔和南非赞成国际税务合作、新的联合国政府间税收委员会以及跨国企业的行为准则。值得注意的是，厄瓜多尔和南非都不仅自愿守则，还致力于建立一个不限成员名额的政府间工作小组，以制定一项关于跨国公司和有关人权的具有法律约束力的国际文书，这些人权包括经济、社会、环境和政治权利。

公私合作伙伴关系（PPPs）在私营部门融资专家圆桌会议和利益相关方对话期间受到了严厉批评。莫桑比克表示，关于实现可持续发

---

① Rob Davies, "Dirty Money? Mystery over Shredded €500 Notes in Swiss Sewers", *The Guardian*, 2017 年 9 月 18 日。

② 税务正义网络亚历克斯·科巴姆（Alex Cobham）的发言，经社理事会，发展筹资后续行动论坛，专家讨论第 1 场："促进国际合作以打击非法资金流动，促进可持续发展"，纽约，2017 年 5 月 25 日。

展目标的讨论似乎被经济增长目标一叶障目。可持续发展目标主要是公共政策问题，人们担心对私营部门会过度依赖。① 爱尔兰工会大会（ICTU）的代表同意并补充道：公共资金不应用于涉及私营部门的复杂计划。可持续发展目标是一项公共议程，寻求私营部门的解决方案是对公共责任的放弃。公私合作伙伴关系缺乏透明度；它可以增加发展中国家的能力，但与此同时，当政府贷款为项目融资并且跨国企业因此获利时，存在成本和收益分配不均现象。如果要在私营部门的帮助下实现可持续发展目标，其业务模式必须改变。国际商会（ICC）常驻联合国代表路易斯·坎特罗（Louise Kantrow）代表国际商会作为可持续发展目标进程的利益相关者发言，在高级别政治论坛（HLPF）上认同商业模式需要改变。她向论坛保证，全球商业联盟将全面致力于可持续发展目标的实现，并认识到企业在创造良好工作方面的作用。这同时也要求企业参与其中，并将可持续发展目标纳入其业务计划中。②

值得探讨的是，可持续发展目标是否真的与投资者相关：投资可持续发展目标的商业案例是什么？吸收私营部门参与（SDGs项目）投资的挑战取决于项目的回报、风险和时间跨度。这些项目的风险常常会超出私人投资者愿意承担的范围，但多边金融机构的参与则可以采取金融机构，降低风险水平。花旗集团的代表表示缺乏可持续发展目标项目，但有一些可持续发展目标对私营部门来说更容易融资，如可再生能源。③

债务与灾难之间是有联系的。利比里亚是灾难可以将经济增长减少到几乎为零的一个例子。由于埃博拉病毒危机，利比里亚的经济增

① 国际发展协会常务董事斯蒂法诺·普拉托（Stefano Prato）的发言，经社理事会，发展筹资后续行动论坛，利益相关者对话，纽约，2017 年 5 月 25 日。

② 工商业主要集团常驻联合国代表路易斯·坎特罗的发言，联合国国际商会，可持续发展高级别政治论坛，第六届会议，纽约，2017 年 7 月 11 日。

③ 花旗集团企业可持续发展副总裁 Hui Chan 的发言，经社理事会，发展筹资后续行动论坛，利益相关者对话，纽约，2017 年 5 月 25 日。

长率从 2013 年的峰值 8.7% 暴跌至 2015 年的 0.3%。1950～2015 年，加勒比地区发生了 184 起自然灾害，造成了 80 亿美元的损失和 1300 人死亡。债务合同需要加入"飓风"条款，且付款需要推迟到经济复苏。债务服务应与财政收入挂钩。而其他想法包括建立一个灾难风险基金，并将优惠资金与脆弱性联系起来。国际货币基金组织已经采纳了这一想法，并创建了一个新的组织——灾难遏制和救济信托基金会，在发生灾难性自然灾害和公共卫生灾难时提供债务减免。利比里亚、塞拉利昂和几内亚在 2015 年接受了信托，以应对埃博拉病毒。①专家组还审议了小岛屿发展中国家和内陆发展中国家的特殊情况。与会者询问联合国经济和社会事务部为不仅仅以人均收入作为发展的主要指标采取了哪些措施。处于特殊情况的国家即使从最不发达国家类别中脱离出来，也难以实现可持续发展目标。

论坛最后出台了《全球基础设施论坛报告》以及《科学、技术和创新多利益相关者论坛报告》。

七 可持续发展高级别政治论坛
（2017 年 7 月 10～19 日）

高级别政治论坛致力于监测实现可持续发展目标 1、2、3、5、9、14 和 17 的进展情况，并提出自愿国家审查。论坛上，与会者还评估了未来几年可能影响实现可持续发展目标的新问题。高级别政治论坛的主题是"在不断变化的世界中消除贫困和促进繁荣"。在高级别政治论坛之前为"秘书长关于可持续发展目标进展情况的报告"。②该报告提供了大量数据，而不是对实现可持续发展目标挑战的分析性叙

---

① *Financing for Development*, *Progress and Prospects*, *2017 Report*，第 95 页。
② 经社理事会文件，"Progress towards the Sustainable Development Goals"，秘书长报告，E/2017/66，2017 年 5 月 11 日。

述。在秘书长的另一份报告和随后的论坛讨论中可以看到这种叙述。①

（一）开幕式和第 1 节会议：我们在"2030 年议程"实施的第二年中处于什么位置？

代表主要群体和利益相关方的维瓦尼亚·蒂图卡纳·塔塔瓦卡（Vivania Ditukana Tatawaqa）女士首先在论坛上发言，她认为高级别政治论坛应该成为了解实现可持续发展目标的挑战和结构性障碍的平台，但作为讨论问责制的平台，它做得还远远不够。她声称，由于存在不平等和不公正的结构性障碍，世界远未达到可持续发展目标。她指出，我们生活的世界：八个人的财富比世界一半人口的财富还多；十家公司的收入比 180 个国家的收入还高，其中 90 家公司的排放占到人为全球变暖排放的 2/3。她还观察到，与消除贫困所需的 3 万亿美元相比，大约有 30 万亿美元的避税，她向与会者发问：是想为少部分人创造更多财富，还是更加公平地分享财富？她来自一个小岛屿发展中国家，因而谈及了海洋困境。她指出，到 2030 年，海洋中的塑料将比鱼类更多，并且 2013 年有 31% 的鱼类被过度捕捞。她补充道，海洋是小岛屿发展中国家生计和生活的来源，没有其他经济选择，因此，保护海洋就是保护生命。关于气候变化她还补充道，解决这一问题的时间十分宝贵且稀缺，气候变化对地球的破坏是如此之大，以至于我们无法谈论可持续发展。这是一个急需改革的时代，我们的生命和星球都依赖高级别政治论坛即将承担的集体工作。②

发展政策委员会（Committee for Development Policy）的福田咲子

① 经社理事会文件，"Eradicating Poverty in All its Forms and Dimensions through Promoting Sustainable Development, Expanding Opportunities and Addressing Related Challenges"，秘书长报告，E/2017/64，2017 年 5 月 5 日。

② 维瓦尼亚·蒂图卡纳·塔塔瓦卡的发言，可持续发展高级别政治论坛（HLPF），开幕式暨第 1 节会议，纽约，2017 年 7 月 10 日。

女士谈到了对数据的巨大需求以及可持续发展目标指标体系在可持续发展目标审查中的主导地位，以及为可持续发展目标已经制定的 169 个目标和超过 232 个指标，重点是要加强各国收集数据的能力。目前就算有也只有少数国家收集了所有的 232 个指标或拥有 82 个完善的统计方法。每年需要数十亿美元来支持发展中国家的统计能力建设，但 2014 年只有 3.38 亿美元可用。目前，一些指标仅与目标部分相关，例如：减少捕捞补贴的指标（可持续发展目标 14.6）是针对"非法"捕捞。更为重要的是，现在缺乏分类数据，这对于保证不让任何一个人掉队至关重要。民间社会代表评论道，基于数据的审查过程与可持续发展目标概念作为一个综合议程之间存在根本上的矛盾。以数据为中心的方法在审查中将目标和目标分开，并打破了与可持续发展目标相互关联的概念。民间社会代表的观点不是否定可持续发展目标的指标框架，而是在告诫不要过度依赖数据。[①]

（二）第 2 节会议：区域和子区域层面的实施

令各区域委员会感到满意的是，他们被放在高级别政治论坛的开端，成为全场焦点。他们都证明了他们正在帮助各成员国与可持续发展目标保持一致。他们所开展的区域论坛为评估进展和差距做出了重要贡献。例如，拉丁美洲和加勒比经济委员会（拉加经委会，ECLAC）报告说：19 个国家组成了跨部门机构，14 个国家撰写了自愿国家审查，26 个国家正在提高其制定指标体系的能力。西亚经济社会委员会（西亚经社会，ESCWA）执行秘书穆罕默德·阿里·阿尔卡希姆（Mohamed Ali Alkahim）报告说，发展从未如此艰难，各国都希望得到帮助。黎

---

① 发展政策委员会副主席，新学院大学国际事务专业教授福田咲子女士的发言，可持续发展高级别政治论坛，2017 年 7 月 10 日；也可参见 Sakiko Fukuda-Parr，"Warning：too much reliance on data can undermine the UN's SDGs"，*PassBlue*，2017 年 7 月 26 日，http://www.passblue.com/2017/07/26/warning-too-muchreliance-on-data-can-undermine-the-uns-sdgs/。

巴嫩和约旦等中等收入国家已经到了极限点。如果要阻止移民，各国需要援助来解决失业问题，联合国不能等到冲突结束才开始介入。他补充说，虽然他所在地区的妇女接受了教育，但她们没有被赋予权利，并表示有必要为这些妇女扫除所有就业障碍。非洲经济委员会、拉加经委会和亚洲及太平洋地区经济社会委员会都谈到了改善税收管理、减少逃税和非法资金流动的必要性。

（三）第 3 节会议：在不断变化的世界中消除贫困和促进繁荣：定位贫困和不平等的多个维度

大部分会议都在讨论多维贫困指数（MPI）的概念，该指数包括收入、健康和教育。一些政府正在利用该指数作为影响政策的工具，包括亚美尼亚、智利、哥伦比亚、捷克共和国、厄瓜多尔、洪都拉斯、莫桑比克和巴基斯坦。在智利，11.7% 的人口收入较少，但 20.9% 的人口是多维贫困人口。自 2011 年以来，哥伦比亚一直在使用多维贫困指数作为针对性干预措施的诊断工具。通过多维贫困指数，哥伦比亚根据地区、城市或农村来确定需求。联合国儿童基金会（UNICEF）提醒与会者，50% 的穷人是儿童，他们缺乏教育、健康、住房、淡水和卫生设施，消除贫困不仅仅是考虑收入问题。2015 年，约有 590 万 5 岁以下儿童死亡。由于只看国民收入的平均数，导致儿童面临的困境被忽视了。2/3 的贫困儿童生活在中等收入国家。WeCareSolar 的劳拉·斯塔切尔（Laura Stachel）继续讲道，大多数儿童死亡发生在出生后第一个月。如果母亲去世，婴儿也难以存活，而且许多孩子上不了学，营养不良。她指出了健康和资源之间的传统鸿沟。她还强调医院需要照明，因为在一些非洲国家，许多分娩和剖宫产都是在黑暗中进行的。她所在组织的口号是"点亮每次分娩"，且为 2000 家诊所带去了资源。[①]

---

① "我们关心太阳能组织"联合创始人兼执行官劳拉·斯塔切尔（Laura Stachel）的发言，可持续发展高级别政治论坛，第 3 节会议，纽约，2017 年 7 月 10 日。

（四）第 4 节和第 6 节会议：可持续发展目标 1——消除贫困

本次会议深入探讨了贫困问题以及与其他可持续发展目标之间的相互联系。有人提出了这样的问题："其他哪些可持续发展目标在消除贫困方面最有效？"联合国统计司司长提供了统计概览。生活在极端贫困（每天低于 1.90 美元）中的人数从 1999 年的 17 亿下降到 2013 年的 7.67 亿。世界上大约 80% 的穷人生活在农村地区，约 50% 的穷人是儿童。他谈道，虽然在极端贫困方面取得了进展，但在相对贫困方面尚未取得良好成就。相对贫困需要一个不同的概念，能反映人们在自己国家的生活所需。

大约 42% 的非洲人口每天的生活费不到 1.90 美元。[①] 加纳小组成员报告说，非洲 30% 的 GDP 和 50% 的就业来自农业，而非洲每年进口的食品数量为 580 亿美元。并且非洲的土地难以利用，农业生产率低，青年人不被农业所吸引。为了使 42.3% 的人口摆脱贫困，必须改革土地所有制，且农产品必须多样化，提升附加值。[②] 国际劳工组织的代表称良好的工作对减少贫困至关重要。这可以通过集体谈判、最低工资政策以及结构转型来实现。大约 80% 的工人处于非正规经济中，女性更有可能进入非正规部门。他们支撑了"关怀"经济，在做无偿工作的同时又缺乏社会保护。[③] 因此，这部分讨论建议可持续发展目标 1 与可持续发展目标 5 在性别平等上以及可持续发展目标 2 在促进可持续农业上加强联系。

在关于消除贫困的利益相关方对话（第 6 节会议）期间，来自

---

① *The Sustainable Development Goals Report 2017*，第 16 页。
② 非洲经济转型中心首席经济学家亚·努斯（Yaw Ansu）的发言，可持续发展高级别政治论坛，第 4 节会议，纽约，2017 年 7 月 11 日。
③ 国际劳工组织政策副总干事黛博拉·格林菲尔德（Deborah Greenfield）的发言，可持续发展高级别政治论坛，第 4 节会议，纽约，2017 年 7 月 11 日。

"社会观察"（Social Watch，国际网络组织）的与会者表示："未实施的愿景都是幻觉。我们对可持续发展目标有一个很好的愿景，但我们需要讨论实施，而这意味着讨论融资。"[①] 非洲拥有世界上大多数穷人（约 4 亿人），但非法的资金流出超过了官方发展援助（ODA）的资金流入。2/3 的非法资金流动来自跨国公司的交易，并且通过境外银行得以实现。[②] 最终结论是，如果不解决非法资金流动和处理相关负责人，非洲将无法在 2030 年前消除贫困。

利益相关方提出，如果消除贫困的过程不想让任何人掉队，就必须把弱势群体包括在内。这涵盖了土著居民，当中有许多人失去了自己土地的所有权和自决权，遭受到系统性暴力并被剥夺了生计。他们的困境被排除在自愿国家审查之外，博茨瓦纳就是一个很好的例子。[③] 残疾人代表指出，残疾人往往被剥夺私有财产、公正和个人决策权，且通常是已经制度化了的。他们也被排除在自愿国家审查之外。[④] 青年代表认为青年人已经被排除在高级别政治论坛和自愿国家审查的大多数会议之外。她强调了青年在实施可持续发展目标方面发挥的作用，并以帮助恰帕斯当地议会采纳可持续发展目标为例说明了青年人的行动。

（五）第 5 节会议：可持续发展目标 2——消除饥饿、实现粮食安全、改善营养，以及促进农业可持续发展

据统计司统计，2016 年有 7.93 亿人遭受饥饿。儿童占世界贫困人口的一半，5500 万 5 岁以下儿童发育迟缓（身高较低），5200 万 5

---

① 国际劳工组织负责政策事务的副总干事黛博拉·格林菲尔德的发言，可持续发展高级别政治论坛，第 4 节会议，纽约，2017 年 7 月 11 日。
② 国际劳工组织负责政策事务的副总干事黛博拉·格林菲尔德的发言，可持续发展高级别政治论坛，第 4 节会议，纽约，2017 年 7 月 11 日。
③ 土著人民代表卡布卡比尔·莫戈迪奥（Keikabile Mogodio）的发言，可持续发展高级别政治论坛，第 6 节会议，纽约，2017 年 7 月 11 日。
④ 国际残疾人联盟残疾人乔斯·玛丽亚·维利亚（Jose Maria Viera）的发言，可持续发展高级别政治论坛，第 6 节会议，纽约，2017 年 7 月 11 日。

岁以下儿童消瘦（体重较轻）。按照目前的发展速度，到 2030 年，世界将无法实现"零饥饿"目标。最大的挑战是南亚的 2.81 亿和撒哈拉以南非洲的 2.18 亿营养不良人群。农业投资被广泛认为是减轻贫困、改善粮食安全、减少饥饿的最有效途径之一，但是这些地区国内以及外资对农业的投资一直在下降。政府的农业支出与农业在 GDP 中的占比并不成正比。用于农业的官方发展援助份额从 20 世纪 80 年代中期的 20% 下降至 2015 年的 7%。为了满足饥饿人口的需求，只需要全世界 GDP 的 0.1%，但这并不是解决方案。因此，有必要重新对粮食系统进行政治经济学分析。

来自印度的讨论者将这种情况归咎于大型农用工业，这些农用工业被补贴从事不可持续的农业。小农场主提供了 70% 的食物，但却没有从投资中获益。根据亚洲农民协会（Asian Farmers Association）的说法，小农场主需要获得土地、水和森林的保卫权力，以使他们不受土地侵占、获得资金和投入，以及获得不公平贸易规则下的保护。世界银行代表表示，有关粮食系统的解决方案是必要的，因为没有农民，就没有粮食，也就没有未来。粮食及农业组织（FAO）的代表补充道：由于投资不足、气候变化和冲突，情况正在恶化，有必要把小农问题放在首要位置。

（六）第 7 节会议：可持续发展目标 3 ——确保所有年龄段的人的健康生活以及促进福祉

目前，人类在研究孕产妇和儿童死亡率方面已经取得了重大进展。然而，2015 年仍有 590 万 5 岁以下儿童死亡。撒哈拉以南非洲的死亡率仍然是全球最高的，是平均水平的两倍。这里的新生儿状况相对全球来说尤为糟糕，新生儿的第一个月就有 270 万儿童死亡。中亚、南亚以及撒哈拉以南非洲的新生儿死亡率也非常高，而且已由原来的 40% 上升到了 45%。如果在出生时为母亲和婴儿提供高质量的护理，那么这些死亡中约有 40% 是可以避免的。在非洲，2016 年只有一半的存活婴儿受到专业的护理。值得注意的是，60% 的产妇死亡和 53% 的 5 岁以下儿童死亡发生在冲突地区。因此，妇幼健康与相关地区是否尊重人道主义法则、允许接触脆弱群体和保护医疗人员之间存在关联。实现可持续发展目标 3 取决于是否有足够的医务人员。大约 40% 的国家每 1000 人中只有不到一名医生。如果没有有针对性的干预措施，优秀的医务人员向高收入国家移民将恶化这种情况。① 在评论实现健康生活和消除贫困的有效方法时，洛克菲勒基金会（Rockefeller Foundation）常务董事提出了促进健康生活的四项要求：

- 公平是必要的，需要照顾到被孤立的人口、妇女和女孩。
- 展望未来，未雨绸缪：注意空气污染和气候变化的影响。
- 投资回报最高的领域；对国民健康最好投资是女童教育，其回报率为 22 比 1。
- 解决国内和国际资源分配的政治问题。在健康方面回报最大吗？中低收入国家约 24% 的增长是由于健康状况的改善。②

有针对性的疾病消除和控制计划降低了艾滋病、疟疾和肺结核等传染病的发病率。癌症、心脏病、糖尿病或慢性呼吸道疾病导致的过早死亡正在下降，但还不足以达到 2030 年的目标。国际医学生协会联合会的主要发言人强调，预防非传染性疾病往往违背商业利益。她建议对酒精、烟草和甜饮料征税，并降低水果和蔬菜的价格。③《被忽视

---

① *The Sustainable Development Goals Report 2017*，第 20～23 页。
② 洛克菲勒基金会常务董事迈克尔·迈尔斯（Michael Myers）的发言，可持续发展高级别政治论坛，第 7 节会议，纽约，2017 年 7 月 12 日。
③ 国际医学生协会联合会玛丽·赫尔斯列夫（Marie Heurslev）的发言，可持续发展高级别政治论坛，第 7 节会议，纽约，2017 年 7 月 12 日。

疾病的药物倡议》的另一位讨论人员补充说，必须有以合理的价格提供药物和治疗，并将研究成本与药物价格分开的政治意愿。①

（七）第 8 节会议：可持续发展目标 5——实现性别平等并赋予所有妇女和女童权利

联合国统计司的代表在大会开始时介绍了关于妇女不平等的令人沮丧的统计数字。根据 2005～2016 年进行的调查，在过去 12 个月中，有 1/5 参与调查的妇女和女孩遭到亲密伴侣的肢体和/或性暴力。世界上几乎一半的故意杀人案受害妇女是被亲密伴侣杀害的。犯罪者的社会可接受性和普遍的有罪不罚现象导致了对妇女的暴力行为，并且在37 个国家中，如果强奸者与受害者已经结婚或将要结婚，则可免于被起诉。在发展中国家，童婚仍有发生，这侵犯了儿童的权利，毁掉了其一生。儿童新娘的教育和就业机会有限，家庭暴力风险更高。在中亚和南亚约有 43% 的女性在 18 岁之前结婚，而撒哈拉以南非洲则有36.6%。基于 2000～2016 年的数据，平均而言，女性在无偿家务和护理工作上花费的时间几乎是男性的 3 倍。2017 年，世界各地妇女参与国家议会的比例仅为 23.4%。在 67 个国家的大多数中，妇女担任中级和高级管理职位的比例不到 1/3。② 统计司的代表最后告诫说，可持续发展目标 5 覆盖了人类的一半人口，除非我们为妇女提供服务，否则我们无法实现其他可持续发展目标。

荷兰大使代表 18 个国家发言。他表示可持续发展目标 3 和 5 有很强的联系，并要求将这一点反映在专题审查中。秘书长的进度报告证实，尽管努力实现两性平等，妇女和女孩仍遭受歧视、暴力和伤害，这有损她们的人权。她们自由决定自己的性和生殖健康，并为自己做

---

① 被忽略疾病药物研发组织代表瑞切尔·科恩（Rachel Cohen）的发言，可持续发展高级别政治论坛，第 7 节会议，纽约，2017 年 7 月 12 日。
② *The Sustainable Development Goals Report 2017*，第 5、26、27 页。

出选择的权利经常受到有害的社会文化规范、年龄障碍和第三方意愿要求的损害。这种不平等剥夺了妇女和女童的基本权利和机会。实现男女平等需要做出更积极的努力，包括采取法律行动，反对由于父权观念和有关的社会模式造成的根深蒂固的性别歧视。实现可持续发展目标 3 和 5 是实现可持续发展的关键，也是实现几乎所有其他可持续发展目标的先决条件。赋予妇女权利将有助于消除贫困和粮食不安全（可持续发展目标 1 和 2）、提高全民教育水平（可持续发展目标 4）、增加劳动力参与率（可持续发展目标 8）、改善环境管理和能源治理（可持续发展目标 7）、改善水和卫生设施（可持续发展目标 6）、提高抗害能力（可持续发展目标 11）和增强气候适应力（可持续发展目标 13）。

来自斐济的主要发言人将性别平等方面的进展不足归因于父权制度和专政的兴起。这种想法的兴起是国家需要强有力的、积极的领导的观念造成的。在这样做的过程中，专政和暴力变得正常化，对性别歧视和种族歧视的容忍度也就更高。不公平的贸易和投资协定会对妇女产生负面影响，因为这种经济模式依靠低工资和妇女的无形及无偿劳动来支撑社会保护和照顾经济，从而产生增长。由于农业企业、富农和采掘业的发展，妇女正在失去阵地。她指出，所有自愿国家审查都报告说各国向外国投资者提供免税期，并通过增加累退税或消费税来弥补这种收入损失。非法资金流动和较低的税收收入减少了社会保护支出。所有可持续发展目标的成本都可由在"避税天堂"（指容易逃税、避税的国家）的非法流动资金提供。因此，她质问为什么没有努力利用这一资金。她认为，影响政策积极变化的最重要因素是自治女权主义运动的兴起。当妇女运动能够挑战和改变公共平台和话语权时，妇女的权利将得到提升，"2030 年议程"目标也将实现。①

---

① 斐济妇女权利运动代表纳利尼·辛格（Nalini Singh）的发言，可持续发展高级别政治论坛，第 8 节会议，纽约，2017 年 7 月 12 日。

社会观察的协调人员罗伯托·比西奥（Roberto Bissio）在描述乌拉圭如何处理女性无偿护理工作问题时证实了这一点。2015 年乌拉圭建立了一个国家关怀体系，因此有了"需要被照顾的权利"（Right to be Cared）。这意味着需要被照顾的人（儿童、老人和残疾人）获得了经济支持，用来支付给照顾他们的人。这一突破是由贸易工会支持的妇女团体发起的运动的成就。他在论坛期间曾听到过，解决不平等问题需要分类数据；他认为缺乏数据不是无所作为的借口，即使在获得数据之前也可以采用基于人权的政策。①

美国代表加入互动辩论并表示，如果妇女像男性一样进入今天的劳动力市场，到 2025 年全球 GDP 每年将增加约 28 万亿美元。她认为赋予妇女权利是对我们未来的战略投资。当一个女孩被迫早婚时，不仅她的生活有了短暂改变，而且对所有人都会有负面影响。实际上，最近的一项研究调查了童婚的经济影响，并估计从现在到 2030 年全球经济将因此耗费掉数万亿美元。美国通过创建美国—加拿大理事会为此做出新的努力，并且承诺向一个新渠道——女性企业家资助倡议（Women Entrepreneurs Finance Initiative）提供 5000 万美元，该机构将帮助全球女性解决她们作为企业家面临的障碍，包括融资渠道和监管障碍。

（八）第 11 节会议：可持续发展目标 9——建立弹性的基础设施，推动包容的、可持续的工业化，促进创新

投资基础设施，促进具有包容性和可持续的工业化进程，支持技术开发、研究和创新是经济增长和可持续发展的三大动力。这些驱动因素通过创造就业机会和建立商业和社会所需的物质设施来减少贫

---

① "社会观察"执行主任罗伯托·比西奥（Roberto Bissio）的发言，可持续发展高级别政治论坛，第 8 节会议，纽约，2017 年 7 月 12 日。

困。所有地区都需要投资，特别是最不发达国家。制造业是经济增长的主要动力；制造业增加值（MVA）在2005～2016年增长了22.6%，但这一增长集中在一部分国家和地区，导致了显著的不平衡。2016年，最不发达国家人均制造业增加值为每年100美元，而欧洲和北美为4621美元。2014年，全球GDP的1.7%用于研发，但是，在撒哈拉以南非洲，研发支出仅占其GDP的0.4%。从好的方面来看，快速普及的移动电话服务使人们可以融入信息社会。截至2016年，世界上近95%的人口都被2G移动信号所覆盖，在最不发达国家，也有85%的人生活在移动电话信号覆盖的地区。①

本届会议的主题发言人暨国际商会秘书长告诉与会者，可持续发展目标实际上是商务发展目标。他相信生产力和就业会把全球经济从停滞中拉动起来。他认为有两个值得关注的领域：贸易改革和中小企业振兴。很明显，贸易的好处并不能触及每个人。他强调，有必要确保所有公司都可以进行贸易，包括需要加强与网络接轨的中小企业；如果能做到这一点，中小企业将有（与原来相比）5倍的出口概率。另一个问题是60%的中小企业难以获得融资。他最后说，商界已准备好与那些在政策方面与可持续发展目标9一致的政府合作了。②

来自乌干达的专题讨论小组成员玛丽亚·基瓦努卡（Maria Kiwanuka）断言，基础设施发展是必要的，但还不够。她表示，非洲开发银行在过去十年中已投资300亿美元用于基础设施建设。由于没有投资社会部门，这项投资还未看到任何成效。必须为那些能给工业和农业创造更高增加值的人提供更多的就业机会。但是，工业需要受过良好教育和健康的工人。她最后说，乌干达不会依赖出口强化，而是需要为国

---

① *The Sustainable Development Goals Report 2017*，第36～37页。
② 国际商会秘书长约翰·丹尼洛维奇（John Danilovich）的发言，可持续发展高级别政治论坛，第11节会议，纽约，2017年7月13日。

内需求生产。① 来自阿根廷的一位发言人表示，在他的国家，95% 的公司是中小企业，这些公司的扩张受到资金缺乏、贸易壁垒和缺乏连通性的限制。马来西亚代表解释了他的国家如何在创造就业机会和消除贫困方面取得了成功：马来西亚在 20 世纪 60 年代投资了基础设施，并且具有友好的商业环境以及受过良好教育和技能熟练的劳动力，因此马来西亚在 20 世纪 70 年代吸引了许多外国高科技投资者。同时，马来西亚还鼓励外国跨国企业与当地中小企业之间建立商业联系，从而使中小企业能够获取市场和技术。该代表还谈道，实际上槟城有着"东方硅岛"之称。埃塞俄比亚似乎有着相同的模式，不过是在农业加工和纺织品领域，该国正在建设工业园区以吸引外国直接投资。

（九）第 12 节会议：可持续发展目标 14——保护和可持续利用海洋和海洋资源促进可持续发展

可持续发展目标报告为拯救海洋提供了一个强有力的紧急案例：

> 海洋覆盖了地球的近 3/4，是地球上最大的生态系统。每个地区的大量沿海人口都依赖海洋来维持生计和发展。海洋还提供无价的环境服务：产生了一半我们呼吸所需的氧气，有着丰富的海洋资源，并充当气候调节器。而如今气候变化（包括酸化）、过度捕捞和海洋污染的影响越来越大，正在危及保护世界海洋的进程。其中小岛屿发展中国家受到的威胁最大。②

世界上被过度捕捞的海洋鱼类（即处于生物学上不可持续的水平）的比例从 1974 年的 10% 上升到 2013 年的 31%。在 10 个产量最高的物

---

① 乌干达总统特别顾问玛丽亚·基瓦努卡的发言，可持续发展高级别政治论坛，第 11 节会议，纽约，2017 年 7 月 13 日。

② *The Sustainable Development Goals Report 2017*，第 46 页。

种中，大多数都被完全捕捞，一些种群在 2013 年就已被过度捕捞，例如大西洋鳕鱼在大西洋的西北部被认为是被过度捕捞的，并且 41% 的主要金枪鱼物种被归为同一种类。海洋吸收了人类活动产生的约 30% 的二氧化碳排放，然而，这种吸收导致海水酸度的增加，侵蚀了许多海洋物种的外壳和骨骼，如珊瑚。据估计，随着大气中二氧化碳含量的增加，到 2100 年，海洋的酸性将增加近 150%。海洋酸化的速度比上一次冰河时代以来的任何时期都要快。全球趋势表明，由于污染和富营养化（水中营养过剩常常是由于土地径流，导致植物密集生长和动物因缺氧而死亡），沿海水域持续恶化。这种富营养化常发生在污水处理和农业生产中。[①]

在联合国统计司就这一主题发言之后，海洋会议的联合主席发表了讲话，该会议于 2017 年 6 月举行，有 6000 人参加。他们声称，这次会议把整个海洋列入了"全球议程"，并就我们面临的威胁达成了共识，这是需要为后代拯救我们的海洋的决定性时刻。瑞典大使、会议联席主席奥洛夫·斯库格（Olof Skoog）表示，各国政府、企业和公民社会已经走到一起，发起了一场"禁止使用塑料"和"食用经认证的鱼类"运动。会议的两位共同主席都描述了令人震惊的海洋恶化情况，来自斐济的共同主席发出了共同努力的呼吁，并说没有人是一座"孤岛"，各方组织都必须为实现可持续发展目标参与进来。[②] 会议还为小岛屿发展中国家提供了发言权，它们的生存依赖于健康的海洋状况，但它们解决问题的能力有限。

联合主席强调了有关海洋的可持续发展目标 14 与有关气候变化的可持续发展目标 13 之间的联系。海洋变暖导致更多强劲风暴，对沿海地区的房屋和人们的生活造成严重破坏。世界上大约 40% 的人口居住在沿海地区，并且世界上 40% 的人口的生计依靠海洋（包括渔业、航

---

① *The Sustainable Development Goals Report 2017*，第 46～47 页。

② 斐济共和国常驻联合国代表团常任副代表兼海洋会议联席主席卢克·达尼瓦卢（Luke Daunivalu）的发言，可持续发展高级别政治论坛，第 12 节会议，纽约，2017 年 7 月 13 日。

运、旅游和贸易）。每个人（甚至非沿海人口）都有责任帮助海洋恢复健康。会议通过协商确定了"行动呼吁"宣言，并为实现可持续发展目标 14 已经做出了大约 1400 项自愿承诺。有人指出，海洋管理必须以公平的方式实施，整个负担不应全落在沿海地区。该会议可以作为其他可持续发展目标如何调动参与和行动的范本。开发计划署是在国家层面实施可持续发展目标 14 的关键行动者，它是一个激励行动和分享知识的平台，让各国政府和利益相关方共同参与制定海洋行动。如果联合国能团结一致，那么可持续发展目标 14 就能实现。①

会议的主持人凯特·布朗（Kate Brown）展示了可持续发展目标 1、2、7 和 8 是如何与可持续发展目标 14 产生关联的。她认为，要实现可持续发展目标 1 和 2，有必要更多地利用海洋资源，但要以一种更为智慧的方式。她还坚持认为，我们现在有足够的知识去采取行动，在保护海洋方面，沿海社区将成为我们最好的伙伴。② 北极理事会提醒大家注意气候变化对酸化和冰川融化的影响，并表示必须维护《巴黎协定》。来自肯尼亚的代表展示了肯尼亚取得的进展：肯尼亚已经禁止使用塑料袋，采纳了气候变化法案，批准了《巴黎协定》，并创造了"债务"渔业（"Debt" Fisheries）。来自意大利的代表表示，海洋被当成巨大的废物处理坑，所以塑料和微塑料也是海洋生物面临的主要问题，因此必须禁止使用塑料。

（十）第 14 节会议：可持续发展目标 17——加强实施手段并振兴可持续发展全球伙伴关系

本届会议探讨了实施可持续发展目标的关键驱动因素，特别是在

---

① 瑞典常驻联合国代表团常任代表兼海洋会议联席主席奥洛夫·斯库格的发言，可持续发展高级别政治论坛，第 12 节会议，纽约，2017 年 7 月 13 日。
② 新西兰全球岛屿伙伴关系执行主任凯特·布朗的发言，可持续发展高级别政治论坛，第 12 节会议，纽约，2017 年 7 月 13 日。

发展筹资论坛上得出的资金来源和伙伴关系这两个因素。本次会议的讨论范围与论坛相同。与会者认识到，当前具有挑战性的宏观经济环境和冲突将使资助可持续发展目标并在 2030 年之前实现这些目标变得困难。在性别平等、基础设施、社会保护、向小岛屿发展中国家提供援助、在非法资金流动和税收问题上进行国际合作，以及进行有利于最不发达国家的贸易改革等方面需要进行纠正。

瑞典大使断言，由于可持续发展目标的威胁是跨国性的，因此现在比以往任何时候都更需要全球团结和多边主义。他对联合国加快步伐持积极态度，但他强调世界银行和其他开发银行需要做出更多努力。他指出，瑞典企业界正在改变其视角，从仅仅关注企业社会责任转变为着眼于公私伙伴关系中实现可持续发展目标的机会。第三世界网络（TWN，国际非营利性智库）的徐玉玲（Chee Yoke Ling）也认为大型基础设施项目需要公私合营，但缺乏问责的规范。一些与会者提到了系统性问题，包括不公平的贸易规则、惩罚性的贸易和投资协议以及阻碍地方发展、正常就业和环境保护的逃税等。

八　部长级会议：高级别会议
（2017 年 7 月 17~20 日）

为期一周的可持续发展目标审查会议以高级别会议作为结束，主要分为两部分：提交 43 份自愿国家审查报告和高级别政策对话，随后通过了《部长宣言》（*The Ministerial Declaration*）。

秘书长在开幕致辞中提醒高级别会议的与会者，"2030 年议程"是一项旨在实现公平的全球化、不让任何人落后、消除贫困并且为人们再次信任政府和联合国多边治理形式创造条件的议程。他认为，包容性发展本身就是预防冲突的一个主要因素。不让任何一个人落后也会激励我们以不同的视角看待移民问题。他坚持认为，我们需要创造条件来帮助各国调动自己的资源，这要求各国内部进行税制改革，并动员国际组织打击逃税、洗钱和非法资金流动。①

由于宏观条件差异、冲突和气候变化，这个时代充满挑战和动荡，我们无法孤立地去战胜这些挑战，这时候就需要多边主义。经社理事会组织并举办了高级别政治论坛，为实施可持续发展目标创造了动力。对可持续发展高级别政治论坛的兴趣证明了各国对实施"2030 年议程"的决心和承诺。大大小小的国家都在起草它们的自愿国家审查并将可持续发展目标纳入其发展计划。② 然而，人们认识到，虽然联合国和其成员国正在为实施可持续发展目标做出相当大的努力，但就目前取得进展的速度来看，难以在 2030 年之前实现可持续发展目标。

杰弗里·萨克斯（Jeffrey Sachs）发表了主题演讲，在演讲中他毫不留情地阐述了可持续发展目标面临的障碍，以及克服这些障碍所需要采取的行动。世界产出前所未有地达到了 127 万亿美元，人均收入达到了 17000 美元。这足以终结贫困，投资低碳能源，遏制致命疾病，建设 21 世纪的基础设施。他告诉与会者"我们是一个富有的星球"③，但是不平等和冲突扭曲了我们的财富。全球共有 2043 位亿万富翁，净资产为 7.7 万亿美元。冲突每年耗费 13 万亿美元，而为实现可持续发展目标，每年仅需 3 万亿美元。我们在战争中耗费的资金能轻松达到实现可持续发展目标所需资金的 4 倍。每个冲突地区都是可持续发展目标的灾区。同样，如果将非法流动资金返还原籍国，拥有 20 多万亿美元的"避税天堂"可为可持续发展目标提供资金。然而，可持续发

① 联合国秘书长安东尼奥·古特雷斯的致辞，可持续发展高级别政治论坛，部长级会议，开幕式，纽约，2017 年 7 月 17 日。

② 联合国大会主席彼得·汤姆森的致辞，可持续发展高级别政治论坛，部长级会议，开幕式，纽约，2017 年 7 月 17 日。

③ 哥伦比亚大学地球研究所所长杰弗里·萨克斯的发言，可持续发展高级别政治论坛，部长级会议，开幕式，纽约，2017 年 7 月 17 日。

展目标受到既得利益集团的阻挠，比如化石燃料行业阻碍了美国参与《巴黎协定》、反对税收和问责制的超级富豪、好战的领导人，以及冥顽不灵的态度。他提出了一个大胆的策略：让全球化石燃料行业承诺零排放，投资有最好环境和社会效益的领域，为最贫穷的国家设立一个可持续发展目标基金会，欧盟和美国补偿小岛屿发展中国家因气候变化而产生的成本，让多边机构创建"债务/可持续发展目标"互惠信贷，并对离岸避税账户征税。①

会议于 2017 年 7 月 10 日发布了《部长宣言》。虽然该宣言因翔实的支持文件和统计数据增色不少，但它未能纳入随后一周召开的高级别政治论坛（2017 年 7 月 10 日）上提出的诸多出色建议。② 经社理事会必须更好地从利益相关方的贡献中获利。77 国集团和中国对该声明表示失望，因为它低于集团的预期。③ 但是，共识文件的性质是在会议开始之前进行谈判。如果联合国要找到更好的工作方式，就必须解决产生反映讨论实质的共识文件的困难。在这方面，经社理事会主席对高级别政治论坛的事实总结更准确地反映了在讨论期间做出的许多出色贡献，但它没有《部长宣言》的分量。④

①　哥伦比亚大学地球研究所所长杰弗里·萨克斯的发言，可持续发展高级别政治论坛，部长级会议，开幕式，纽约，2017 年 7 月 17 日。

②　经社理事会文件，"Ministerial Declaration of the High-Level Segment of the 2017 Session of the Economic and Social Council on the Annual Theme 'Eradicating Poverty in All Its Formsand Dimensions Through Promoting Sustainable Development，Expanding Opportunities and Addressing Related Challenges'，Ministerial Declaration of the 2017 High-Level Political Forumon Sustainable Development，Convened under the Auspices of the Economic and Social Council，on the Theme 'Eradicating Poverty and Promoting Prosperity in a Changing World'"，E/2017/L. 29 - E/HLPF/2017/L. 2，2017 年 7 月 14 日。

③　厄瓜多尔共和国国家规划和发展部部长安德烈斯·米德罗斯（Andrés Mideros）代表 77 国集团和中国的发言，可持续发展高级别政治论坛，一般性讨论，纽约，2017 年 7 月 17 日，https://sustainabledevelopment. un. org/content/documents/25334g77. pdf。

④　经社理事会主席关于 2017 年可持续发展高级别政治论坛的总结，纽约，2017，https://sustainabledevelopment. un. org/content/documents/16673HLPF_2017_Presidents_summary. pdf。

九　总结

这一评论首先提出两个问题：第一，联合国，特别是经社理事会是否找到了新的工作方式；第二，经社理事会在 2016～2017 年为实施可持续发展目标已经做了什么工作。就采用新的工作方式而言，联合国各实体正在将自己的工作计划与可持续发展目标结合起来，并协助成员国完成 65 个自愿国家审查。联合国各实体之间的新合作精神正在最大限度地展现出来去整体支持联合国发展系统。经社理事会安排其会议以供高级别政治论坛参考，并展示了一个追踪全球整体和各国实现可持续发展目标进展情况的数据监测系统。对经社理事会来说这是充满活力和富有成效的一年，可以说经社理事会在支持可持续发展目标方面取得了很大进展。

然而，在实现可持续发展目标的所有努力中，存在着强大的逆趋势：增长放缓、外国直接投资下降、保护主义抬头、旷日持久的冲突、气候变化导致的自然灾害以及非法资金流动正在销蚀实现可持续发展目标所需的资源。在经社理事会的各次会议期间，一再呼吁通过各国履行其官方发展援助承诺，维护人道主义，向冲突地区的人民提供援助，促进最脆弱群体的社会融合以及促进最不发达国家、内陆发展中国家和小岛屿发展中国家的发展来克服这些颓势，从而不让任何人掉队，并在联合国系统内外进行改革以制止非法资金流动。在经社理事会年度会议期间主要有两个事件：一是有 6000 名与会者出席了海洋会议并做出了 1400 项保护海洋的承诺；二是在高级别会议期间，杰弗里·萨克斯（Jeffrey Sachs）发表了主题演讲并坦率指出了可持续发展目标面临的障碍以及该如何克服这些障碍。显然，这次经社理事会会议是成功的。它已经为实现可持续发展目标尽了自己的一分力量，但它和整个联合国系统以及各成员国必须加倍努力，以对抗不利的趋势。

第四章　国际法院和国际刑事法院：
司法守门人

亚历山大·K. A. 格里纳瓦特[*]

一　引言

2016~2017年度，国际法院（ICJ）对国家间争端的案情没有做出任何最终判决。尽管如此，国际法院做出了一些重要裁决，并开始处理若干广受关注的新事项。总体而言，国际法院的工作突出了其应有的重要的"守门人"功能：2016年，国际法院反复面临的核心问题在于究竟应该关注何种程度的法律纠纷，究竟多大的纠纷才能够吸引法院介入。马绍尔群岛对三个核大国违反国际裁军义务的指控被驳回。虽然国际法院以勉强多数裁定该案中当事人之间无法律上可认定的纠纷，但国际法院面对该问题所采用的奇怪而形式主义的做法让人怀疑有关核武器的法律问题——自二十年前便留下的争议性问题——并不是其优先考虑的主题。相比之下，关于索马里与肯尼亚之间的海上争端，尽管有人依据《联合国海洋法公约》提出该事项应归属其他裁决机制，但国际法院为维持其权威仍做出了裁决。另一个争议涉及

* 感谢安德烈·波古耶维奇（Andrea Bogojevich）在研究和起草这一评论时提供的帮助。

乌克兰试图以种族歧视和资助恐怖主义的罪名控诉俄罗斯在克里米亚和乌克兰东部的干预，因为俄罗斯的特定条约赋予了国际法院对这些问题的管辖权。

去年，联合国大会还就英国与毛里求斯在查戈斯群岛的长期争端提出咨询意见。此举的意义在于，在不能取得相关国家共识进行有约束力的裁决时，咨询意见可以作为一个替代的司法基础。该决议的审慎文稿还突出了咨询机构自由裁量的性质，包括法院通过狭义解释其面对的问题来回避热点议题的能力。

在国际刑事法院，这一年最重要的决定也集中在法院裁决权的范围上。在博斯科·恩塔甘达（Bosco Ntaganda）案中，国际刑事法院上诉分庭在其审判战争罪行的管辖权上拓宽了视野，裁定该管辖权不仅包括针对平民和敌对战斗人员的罪行，还包括该案中战斗人员对同一武装团体成员犯下的强奸和性奴役罪行。国际刑事法院也实现了其他一些发展，联合国其他附属国际刑事法庭也是如此。

二　国际法院

（一）关于停止核军备竞赛和进行核裁军的谈判义务（马绍尔群岛诉英国、马绍尔群岛诉印度、马绍尔群岛诉巴基斯坦）

2016 年 10 月 5 日，国际法院发布了一系列极具争议的意见，驳回了马绍尔群岛分别对印度、巴基斯坦和英国提起的诉讼，诉讼声称被告国违背了其应尽的为停止发展核武器而进行友好谈判的国际义务。[①] 马

---

① 开展关于"停止核军备竞赛和进行核裁军"的谈判的义务（马绍尔群岛诉英国），判决，2016 年 10 月 5 日；开展关于"停止核军备竞赛和进行核裁军"的谈判的义务（马绍尔群岛诉印度），判决，2016 年 10 月 5 日；开展关于"停止核军备竞赛和进行核裁军"的谈判的义务（马绍尔群岛诉巴基斯坦），判决，2016 年 10 月 5 日。

绍尔群岛在20世纪50年代曾作为一个核试验基地而遭受环境破坏，因此曾于2014年向所有9个被认为或已知拥有核武器的国家（中国、法国、印度、以色列、朝鲜、巴基斯坦、俄罗斯、英国和美国）提起诉讼。之所以只有针对印度、巴基斯坦和英国的案件被列案，是因为这些国家之前曾提交声明接受国际法院的强制性管辖，而这些声明仍然有效。① 对于其余的国家，马绍尔群岛承认，国际法院尚缺所需的管辖权。

国际法院先前曾在1996年发表的一项著名的争议性咨询意见中谈到了核裁军问题。② 当时联合国大会要求国际法院就"国际法是否允许在某些情况下威胁或实际使用核武器"发表意见。③ 国际法院的回复意见指出核武器的威胁或使用"通常会违反适用于武装冲突的国际法规"，而且，"各国有义务真诚地开展谈判，以便在严格和有效的国际监督下实现所有方面的核裁军"。④ 但是，鉴于该回复意见明确拒绝"断定在危及国家生存的极端自卫情况下，核威胁或使用核武器是否合法"⑤，这给核大国留下了一扇半开的门。

另外，这一警告似乎与诉诸战争权和战时法的严格分离相矛盾，而这是武装冲突国际法律规则的核心。根据《国际人道主义法》，关于敌对行为的规则（例如，禁止核武器必然会导致的无差别攻击）是相同的，无论攻击方是否正在打一场公正合法的战争（例如为国家生存而进行的自卫斗争）。或许国际法院的意见在政治考量方面更具防御性：国际法院在向现有的核大国提供一丝掩护的同时，实质上也谴责核威胁或使用核武器，从而避免了核大国的拥核事实公开冒犯国际

---

① 国际法院，新闻稿"The Republic of the Marshall Islands files Applications against nine States for their alleged failure to fulfil their obligations with respect to the cessation of the nuclear arms race at an early date and to nuclear disarmament"，2014年4月25日，第2014.18号，见 http://www.icj-cij.org/files/press-releases/0/18300.pdf。

② 核威胁或使用核武器的合法性，咨询意见，1996年7月8日。

③ 核威胁或使用核武器的合法性，咨询意见，1996年7月8日，第6页。

④ 核威胁或使用核武器的合法性，咨询意见，1996年7月8日，第44～45页。

⑤ 核威胁或使用核武器的合法性，咨询意见，1996年7月8日，第44页。

法院权威的尴尬。但是，这种妥协是有代价的：核武器可能对国家生存至关重要的观点也为朝鲜等先前无核国家违背国际社会意愿发展自己的核武库提供了理由。

马绍尔群岛的案件使法院有机会重新审视现有核武库的合法性。但法院以微弱优势的结果表明了自己不愿意抓住这个机会。这再次表明，其逻辑可能更多出自政治考量，而非法律的严谨性。

马绍尔群岛案的法律理论在这三个案例中略有不同，因为英国是《不扩散核武器条约》的缔约国，而印度和巴基斯坦则不是。因此，对于英国，马绍尔群岛指称其违反该条约；然而在其他两个案件中，马绍尔群岛则依赖国际法院1996年咨询意见中承认的惯例法规则。然而，国际法院认为三个案件的法理基本相同。法院拒绝听取各方的申辩，因为它认为不存在可以进行司法裁决的争议。① 虽然马绍尔群岛一再表明其"核大国违反了国际法"的总体观点，但法院认为，在提出申诉之前，该国没有采取足够的措施让被告意识到其"观点遭到申诉方的'明确反对'"。② 例如，法院在对英国案件的判决中指出，马绍尔群岛出席了在墨西哥纳亚里特举行的第二届核武器对人道主义的影响会议，并在会上提交了一份声明，特别指出"拥有核武器的国家未能履行法律义务"参与多边裁军谈判；然而，这些陈述不足以与英国产生法律联系，因为英国没有参加这次会议，而且"马绍尔群岛在多边背景下所做的陈述均未提供有关英国行为的任何细节"。③

---

① 在针对英国的案件中，法官们在这一问题上8票对8票，国际法院院长罗尼·亚伯拉罕（Ronny Abraham）投票反对管辖权打破了僵局。然而，对管辖权的真实投票结果是9票对7票，原因如下，一位不同意多数人的论断的法官持有另一个不同的驳回理由。在另外两起案件中，法院以9票对7票的多数票同意争端不存在，并以10票对6票否定了对此案的管辖权。

② 例如，见"开展关于'停止核军备竞赛和进行核裁军'的谈判的义务"（马绍尔群岛诉英国），判决，2016年10月5日，第18页。

③ 例如，见"开展关于'停止核军备竞赛和进行核裁军'的谈判的义务"（马绍尔群岛诉英国），判决，2016年10月5日，第23页。

国际法院的理由引起了对其形式主义及先前的国际法院判例法缺乏先例的批评。罗宾逊（Robinson）法官对此批评说，先前的案件中已经采取了弹性和务实的方法来认定是否存在争议，而且"法院的判例法中没有任何一个案例支持本案中法院多数派的主张：认定争议的存在需要调查被告方是否意识到申诉方对其观点的明确反对"。① 克劳福德（Crawford）法官则指出，该案实际上标志着"国际法院（或其前身）第一次完全驳回案件，理由是在提出申诉时没有争端存在"。②

人们不禁怀疑，这一结果至少在一定程度上反映了国际法院不愿面对世界核大国。顺着这条思路，尼克·克里施（Nico Krisch）指出："在判定'缺乏争议'的八位法官中，有不少于六位是拥核国家（法国、美国、英国、俄罗斯、中国和印度）的国民；另外两位来自日本和意大利，均受益于美国提供的核保护。"③

国际法院的理由中一个更奇怪的地方是它提出的司法障碍似乎微不足道。在收到马绍尔群岛的申诉后，被告国现在已经充分意识到法律纠纷的存在，这似乎轻而易举地为重新立案铺平了道路。这一切至今也没有发生，而马绍尔群岛在国际法院判决后发布的官方新闻稿强调"这些诉讼程序是由以前的政府发起的"，或许表明现任政府对重开申诉没有兴趣。④ 然而，即便当初立案了，通往胜利之路也绝非坦途。例如，法院可能会援引其所谓的货币黄金原则（Monetary Gold

---

① 开展关于"停止核军备竞赛和进行核裁军"的谈判的义务（马绍尔群岛诉英国），判决，罗宾逊法官的反对意见，2016年10月5日，第1页。

② 开展关于"停止核军备竞赛和进行核裁军"的谈判的义务（马绍尔群岛诉英国），判决，克劳福德法官的反对意见，2016年10月5日，第1页。

③ Nico Krisch, "Capitulation in The Hague: The Marshall Islands Cases, EJIL: TALK!", 2016年10月10日, https://www. ejiltalk. org/capitulation-in-the-hague-the-marshall-islands/。

④ 见新闻稿，"International Court of Justice Dismisses Marshall Islands' Nuclear Disarmament Cases Without Considering the Merits", Nuclear Age Peace Foundation Press Office, 2016年10月5日, https://www. wagingpeace. org/international-court- justice-dismisses-marshall-islands-nuclear-disarmament-cases-without-considering-merits/。

Principle）来裁定中止审判，因为指控被告未能真诚地进行谈判，且涉及其他核大国，而国际法院对这些核大国缺乏管辖权。正是出于这个原因，尽管汤姆科（Tomka）法官不同意多数人对管辖权的裁决，但他还是投票驳回了马绍尔群岛对英国的指控。① 此外，如果案件进展到辩论阶段，法院将面临一个极其棘手的问题，即界定被告人友好谈判义务的范围和性质，并确定是否发生了法律上可识别的违约行为。

（二）印度洋的海洋划界（索马里诉肯尼亚）

2017 年 2 月 2 日，国际法院宣布了一项重要裁决，驳回肯尼亚针对索马里关于两国海上边界争端的初步反对意见。② 索马里于 2014 年 8 月 28 日提起诉讼，要求国际法院通过划定边界解决争端。肯尼亚反对这一申请，理由是该争端不适用其根据《国际法院规约》第 36 条第 2 款做出的可选择条款声明，该法条允许各国在没有与另一国家达成任何特别协议的情况下承认国际法院的管辖权。肯尼亚的声明中包含了该条款应予排除的一种情形，即"争议各方已同意或即将同意寻求某个或某些其他的解决方法"。③ 肯尼亚进一步提出了两个论点，来论证目前的争议符合这一情形。

第一个论点援引了肯尼亚外交部长和索马里国家规划和国际合作部长 2009 年签署的《谅解备忘录》（MOU）。肯尼亚和索马里都是1982 年《联合国海洋法公约》（UNCLOS）的缔约国，《谅解备忘录》规定，两国需向大陆架界限委员会（CLCS）提交意见书并向其寻求建议。大陆架界限委员会的设立旨在促进《联合国海洋法公约》的实

① 开展关于"停止核军备竞赛和进行核裁军"的谈判的义务（马绍尔群岛诉英国），判决，汤姆科法官的意见分歧，2016 年 10 月 5 日，第 9～11 页。
② 印度洋的海洋划界（索马里诉肯尼亚），判决，2017 年 2 月 2 日。
③ 《国际法院规约》，第 36（2），https：//treaties. un. org/pages/ViewDetails. aspx? src = IND& mtdsg_no = I－3&chapter = 1&clang = _en。

施，以便在距各国领海基线 200 英里以外划定国家大陆架的外部界限。大陆架界限委员会的审议工作当时仍在进行，因为索马里在向国际法院提交申请之前不久才向其提交了意见书。

国际法院承认谅解备忘录是一份具有约束力的条约，驳回了索马里的论点，即该条约未能通过索马里国内法规定的必要批准程序，因此其在国际层面的协议并无效力。尽管如此，法院认为谅解备忘录并没有取代国际法院在本案中的管辖权。根据其条款，谅解备忘录涉及大陆架本身的划定，而不是两国之间有争议的海上边界的划定。谅解备忘录并未排除各方在大陆架界限委员会审议此事之前进行谈判或达成协议，而且大陆架的划分只影响了当事方争议的一部分。法院认为，谅解备忘录"既没有试图强制缔约方在其海上边界达成协议之前等待大陆架界限委员会的工作结果，也没有向缔约方强加通过特定的解决方法解决其海上边界争端的义务"。[1]

肯尼亚的第二个论点聚焦于《联合国海洋法公约》本身，该公约为其下产生的争端提供了自己的约束性争议解决机制。肯尼亚据此称，《联合国海洋法公约》提供的恰好就是那种作为替代性解决方案的协议，使其免受国际法院可选择性条款的管辖。[2] 但这一论点提出了一个迷局，因为《联合国海洋法公约》对此类协议有自己的免除权。根据其第 282 条：

> 如果相关国家在解释或援引本公约时出现争议，而它们缔结的其他普适性、区域性或双边协议规定，只要任一争端方提出请求，都应将此类争端提交给能够做出约束性判决的程序，则该程

---

① 印度洋的海洋划界（索马里诉肯尼亚），判决，2017 年 2 月 2 日，第 35 页。
② 印度洋的海洋划界（索马里诉肯尼亚），判决，2017 年 2 月 2 日，第 14 页。

序应代替本部分所规定的程序，除非争端各方另有协议。①

这样一来，《联合国海洋法公约》与肯尼亚的选择性条款声明之间就上演了"踢皮球"游戏：可选条款声明条文踢向《联合国海洋法公约》，而《联合国海洋法公约》又踢回到可选条款声明。考虑到《联合国海洋法公约》的广泛性，以及与肯尼亚说法类似的声明盛行，解决这个问题所带来的影响超出了肯尼亚—索马里争端本身。

在其 2017 年 2 月份的意见中，国际法院打破了上述法理循环，做出了有利于索马里的判决，认为根据选择性条款，《联合国海洋法公约》争端解决机制并未取代国际法院的管辖权。法院的结论在很大程度上依赖《联合国海洋法公约》的谈判记录，它表明起草第 282 条的目的正是保留国际法院对提交选择性条款声明的国家的管辖权。值得注意的是，这一谈判记录没有刻意地像肯尼亚那样明确界定国际法院的管辖权。但法院注意到此类协议的普遍存在，例如：在《联合国海洋法公约》的谈判期间，"当时存在的选择性条款声明中有一半以上包含一项类似肯尼亚那样的保留条款"②，而且法院强调没有任何迹象表明起草人本打算将此类声明排除在第 282 条的范围之外。

这个结论值得注意，因为它不是基于起草者意图的任何正面表现，而是利用法院从起草者的沉默中引出的负面暗示。鉴于这个问题对于《联合国海洋法公约》争议解决的重要性，一个更合理的解释可能是，谈判记录是无用的，因为起草人一开始根本没有察觉这个问题。看来，国际法院裁决需要的最终效果是建立一个有利于其判决的强有力推定，除非有明确证据表明存在与其相反的协议，否则它就不容替代。

---

① 《联合国海洋法公约》，第 282 篇，http://www.un.org/Depts/los/convention_agreements/texts/unclos/unclos_e.pdf。

② 印度洋的海洋划界（索马里诉肯尼亚），判决，2017 年 2 月 2 日，第 43 页。

（三）《制止向恐怖主义提供资助的国际公约》和《消除一切形式种族歧视的国际公约》的应用（乌克兰诉俄罗斯）

2017 年 1 月 16 日，乌克兰提起诉讼程序，国际法院面临一个有关俄罗斯吞并克里米亚及参与乌克兰东部敌对行动争端的裁决。① 考虑到国际法院的管辖权建立在相关国家同意的基础之上，而该案涉及的双方并没有一致同意赋予国际法院对两国之间法律纠纷的全面管辖权，乌克兰采用了另一种方法，强调各国在特殊时候可以获得国际法院援助。其申请重点指称对方违反了两项具体条约，其中就包含乌克兰和俄罗斯都毫无保留地批准了的国际法院争议解决条款。首先，乌克兰称俄罗斯的一系列行为，包括支持武装团体占领乌克兰东部领土并制造武装冲突，以及击落马来西亚航空公司 MH17 航班（尚无定论，乌克兰单方指控），都违反了《制止向恐怖主义提供资助的国际公约》所规定的义务。此外，乌克兰称俄罗斯涉嫌组织 2014 年克里米亚公投以支持俄罗斯的吞并，并在吞并之后歧视克里米亚的鞑靼人和乌克兰族裔，这违反了《消除一切形式种族歧视的国际公约》（ICERD）。

在提起诉讼程序的同时，乌克兰还提出了临时措施的请求，要求指示俄罗斯缩减其对乌克兰东部武装的支持，并采取行动保护克里米亚鞑靼人和乌克兰族裔。2017 年 4 月 19 日，法院批准了乌克兰的部分请求。② 对于乌克兰东部问题，法院强调了《制止向恐怖主义提供资助的国际公约》之下其管辖范围的狭窄。尽管国际法院承认了对该争议的初步管辖权，但案件进展却不利于乌克兰的主张：法院认为，乌克兰未能建立足够的依据来认定俄罗斯蓄意或知晓其对恐怖主义的

---

① 《制止向恐怖主义提供资助的国际公约》和《消除一切形式种族歧视的国际公约》（乌克兰诉俄罗斯联邦）的申请，申请程序，2017 年 1 月 16 日。

② 《制止向恐怖主义提供资助的国际公约》和《消除一切形式种族歧视的国际公约》（乌克兰诉俄罗斯联邦）的申请，命令，2017 年 4 月 19 日。

支持。另外，法院发现更多违反《消除一切形式种族歧视的国际公约》的证据，表明相关群体正遭受不可逆的伤害。例如，俄罗斯下达了对克里米亚鞑靼人自治组织——克里米亚鞑靼人议会（Mejlis）的禁令；人权高专办也发现，克里米亚的乌克兰语教育正因不堪来自教育机构和家长的压力而逐渐消失。为此，国际法院命令俄罗斯不得对克里米亚鞑靼人保留其代表性社区加以限制，并确保学校以乌克兰语教学。法院进一步裁定："双方均需保持克制，避免任何可能扩大或恶化争端的行动将事态变得难以收拾。"①

（四）1965 年查戈斯群岛与毛里求斯分裂的法律后果（征求咨询意见）

2017 年 6 月 22 日，联合国大会以 94 票对 15 票通过（65 个国家弃权）的结果要求国际法院就 1965 年查戈斯群岛与毛里求斯分裂的两个问题发表咨询意见。② 查戈斯群岛由毛里求斯以东 560 公里处的 60 个小岛组成，一直是与英国长期争执的主题。1965 年，在这个英属殖民地实现政治独立的三年前，英国将该群岛与毛里求斯分离，并将其建立为英属印度洋领土（BIOT）。随后，英国进而批准美国在查戈斯群岛中最大的迪戈加西亚岛建立美军基地，并强行将该群岛的全部人口转移到毛里求斯。最近，该军事基地因充当美国军用飞机的加油站而臭名昭著，因为这些飞机负责执行恐怖主义犯罪嫌疑人的特殊移交工作。

2010 年，毛里求斯根据《联合国海洋法公约》争端解决框架开始对英国提起仲裁程序。该争议主要集中在英国在查戈斯群岛周围建立

---

① 《制止向恐怖主义提供资助的国际公约》和《消除一切形式种族歧视的国际公约》（乌克兰诉俄罗斯联邦）的申请，命令，2017 年 4 月 19 日，第 35 页。

② 联合国大会决议，"向国际法院征求关于 1965 年查戈斯群岛与毛里求斯分裂的法律后果的咨询意见"，A/RES/71/292，2017 年 6 月 22 日。

海洋保护区（MPA）的问题上。虽然英国声称建立海洋保护区并禁止在岛屿周围进行捕鱼和其他商业活动是出于海洋保护的目的，但维基解密披露的电报却暗示其别有用心，即阻止土著居民重回岛屿居住。①2015年，由于英国未能与毛里求斯进行有意义的磋商，仲裁小组根据《联合国海洋法公约》裁定该海洋保护区非法。②该裁决宣称"看不出该海洋保护区的实际性质以及它对环境保护有何重要性"。③

联合国大会最近通过的决议为国际法院提供了机会，如果抓住这个机会，国际法院可以进一步宣判英国过去和现在管理该群岛是否合法。该决议向法院提出以下两个问题：

i. 在毛里求斯与查戈斯群岛分裂并于1968年获得独立后，毛里求斯的非殖民化进程是否已经遵循国际法［包括联合国大会1960年12月14日第1514（XV）号、1965年12月16日第2066（XX）号、1966年12月20日第2232（XXI）号和1967年12月19日第2357（XXII）号决议所规定的义务］依法完成？

ii. 根据国际法（包括上述决议所反映的义务），大不列颠及北爱尔兰联合王国继续管理查戈斯群岛，以及毛里求斯无法执行在查戈斯群岛上重新安置国民（特别是查戈斯群岛的原始居民）的方案，会产生什么后果？

正如一位学者所指出的那样，该提问措辞谨慎，力图避免这类问

---

① 理查德·诺顿－泰勒（Richard Norton-Taylor）和罗伯·伊万斯（Rob Evans），"Wiki Leaks Cables：Mauritius Sues UK for Controlof Chagos Islands"，*The Guardian*，2010年12月21日。

② 在查戈斯海洋保护区仲裁事项（毛里求斯诉英国），常设仲裁法院裁决，2015年3月18日。

③ 在查戈斯海洋保护区仲裁事项（毛里求斯诉英国），常设仲裁法院裁决，2015年3月18日，第212页。

题常得不到实质性回答的尴尬。① 例如，2008 年联大曾征求国际法院关于科索沃分裂的合法性意见。但是当时的问题是"科索沃临时自治机构单方面宣布独立是否符合国际法"，这允许法院发表一份狭隘的意见，只讨论其发布独立宣告（实际上没有）是否违反国际法，却完全避免回答科索沃是否有权从塞尔维亚独立这个更关键的问题。②

相比之下，查戈斯群岛决议提出的问题更为宽泛，既询问了"非殖民化进程"的合法性，又询问了英国继续管理查戈斯群岛以及原居民无法重新安置的后果。因此，它提出的国际法问题不能仅仅通过调查结果（如英国对该群岛的统治）来解决。③ 除此之外，此次还引用了联大先前的几项决议，包括 1965 年一项关于反对"统治者为了建立军事基地将某些岛屿从毛里求斯领土上分离出来的一切行动"④ 的决议。这表明该问题不仅只是毛里求斯和英国间的争端，同时"还涉及更宽泛的多边问题，包括联大几十年来致力解决的一些原则性问题"。联大借此强调了其要求的适当性。⑤

投票结果也引人注目，因为它显示英国没有得到其他欧盟成员国的支持。在 28 个成员国中，只有 4 个国家（保加利亚、克罗地亚、匈牙利和立陶宛）与英国一起反对该决议；余下的成员国中，塞浦路斯投票赞成，其余 22 国（包括除英国以外的所有最具经济和政治影响力的欧盟国家）弃权。这部分地反映出各国不愿为不讨喜的道德立场辩

---

① Marko Milanovic，"ICJ Advisory Opinion Request on the Chagos Islands，EJIL：TALK！"，2017 年 6 月 24 日，https：//www. ejiltalk. org/icj-advisory-opinion-request-on-the-chagosislands/。

② 根据"关于科索沃的单方面独立宣言的国际法（征求咨询意见）"，咨询意见，2010 年 7 月 22 日。

③ 参见米兰诺维奇（Milanovic），"ICJ Advisory Opinion Request on the Chagos Islands，EJIL：TALK！"提到"聪明地起草了……请求"，"没有直接谈到毛里求斯是否对该群岛拥有主权，而是询问毛里求斯的非殖民化进程是否由于查戈斯群岛与其领土的分离而合法完成"（原文强调）。

④ 联合国大会决议，"毛里求斯问题"，A/RES/2066，1965 年 12 月 16 日。

⑤ 参见米兰诺维奇，"ICJ Advisory Opinion Request on the Chagos Islands，EJIL：TALK！"

护，避免加入失败者阵营，同时似乎也证明了脱欧时期英国政治资本的下降。

（五）其他发展

正如 2015~2016 年评论所述，赤道几内亚于 2016 年 6 月对法国提出诉讼案，指控法国对赤道几内亚长期执政的总统之子、现任副总统特奥多罗·恩圭马·奥比昂·曼格（Teodoro Nguema Obiang Mangue）提起的刑事腐败指控，侵犯了其豁免权。[①] 在这次争端中，赤道几内亚还断言法国在刑事调查中查封的一座国有建筑物享有豁免权。赤道几内亚声称该建筑物构成了外交场所，而法国则认为它只是为了阻挠刑事诉讼而进行的伪装。2016 年 12 月 7 日，国际法院发布命令，要求法国在国际法院进一步审议之前，按照国际法规定的外交场所的标准，为该建筑提供保护。[②] 这种临时措施表明国际法院对争议的是非曲直没有任何立场。

在另一项涉及临时措施和外交权利的案件中，法院裁定巴基斯坦必须采取一切措施确保印度公民 K. S. 贾达夫（Kulbhushan Sudhir Jadhav）不被处决，等待法院为印巴之间的争端做出最终判决。[③] 巴基斯坦声称，他们在贾达夫从伊朗进入该国后，在俾路支地区逮捕了他，之后巴基斯坦的一个军事法庭以间谍罪和恐怖主义罪名判处贾达夫死刑。印度反驳说，巴基斯坦从伊朗绑架了贾达夫——从印度海军退役后，他在那里从事货运业务。印度于 2017 年 5 月 8 日正式向国际法院提出抗议，称巴基斯坦拒绝让印度领事人员接近和援助贾达夫，这违

[①] 参见 *ARUNA 2015/2016* 第 4. A 章，亚历山大·K. A. 格里纳瓦特教授的评论，"The International Court of Justice and International Criminal Tribunals—The Fragility of Law"，第 6~10 页。

[②] 参见豁免和刑事诉讼（赤道几内亚诉法国），命令，2016 年 12 月 7 日。

[③] 贾达夫案（印度诉巴基斯坦），命令，2017 年 5 月 18 日。

反了《维也纳领事关系公约》第 36（1）条。印度和巴基斯坦都是《任择议定书》（*Optional Protocol*）的缔约国，承认国际法院对就《维也纳领事关系公约》义务产生的争端拥有管辖权。

《维也纳领事关系公约》曾因过去的一系列案件出现在国际法院的视野里，涉及的情况都是外国人在美国被判处死刑，但没有被及时告知《维也纳领事关系公约》所赋予他们的获得领事援助的权利。国际法院首次确立其临时措施的命令的法律约束力是在拉格兰案（LaGrand Case）中，那时也涉及了请求暂停处决（但被忽略）的情况。[①] 后来，在阿韦纳案（Avena Case）中，国际法院裁定 54 名在美国被判处死刑的墨西哥国民有权"复核和复议"定罪量刑，以纠正因违反第 36（1）条而造成的任何损害。[②] 虽然国际法院做出了裁决，但美国各州一般都对这些裁决视而不见。在麦德林诉得克萨斯案中，美国最高法院裁定，依据联邦法律，阿韦纳案判决并未产生司法上可执行的法律义务。[③]

巴基斯坦已暂停了对贾达夫的死刑执行，等待国内后续上诉程序。国际法院的干预会不会以及会造成什么影响，还有待观察。

另外三项申请请求法院重新审理先前案件。[④] 2017 年 1 月 16 日，哥斯达黎加提交了一份有关其与尼加拉瓜长期存在的边界争端的新申请。2015～2016 年的评论讨论了国际法院 2015 年 12 月 16 日对尼加拉瓜和哥斯达黎加之间，就圣胡安河附近地区涉嫌侵犯主权以及环境危害的两起诉讼案件一并做出的终审判决。[⑤] 该判决认定了双方权益，并确认了由于哥斯达黎加未能采取适当预防措施（与道路建设项目有

---

① LaGrand 案（德国诉美利坚合众国），判决，2001 年 6 月 27 日。
② 关于阿韦纳和其他墨西哥国民的案件（墨西哥诉美利坚合众国），判决，2004 年 3 月 31 日。
③ 麦德林诉克萨斯案，552 U. S. 491（2008）。
④ 波蒂略岛北部的陆地边界案（哥斯达黎加诉尼加拉瓜），申请提交法律程序，2017 年 1 月 16 日。
⑤ 参见 *ARUNA 2015/2016* 第 4. A 章，第 64～67 页。

关）而对尼加拉瓜造成的重大跨界损害。哥斯达黎加在其新申请中声称尼加拉瓜在波蒂略岛（Isla Portillos）海滩新建立的军营违反了 2015 年判决，并要求法院确定该地区哥斯达黎加—尼加拉瓜陆地边界的确切位置。

2017 年 2 月 3 日，马来西亚提交了一份申请，要求承认其对白礁岛（Pedra Branca）这个小岩石岛的主权。① 根据国际法院 2008 年的一项裁定，虽然该岛曾属于马来西亚柔佛州，但其主权实际上一贯由新加坡及前身（英国所占殖民地——译者注）行使，而马来西亚对此也只能是无可奈何，因此该岛自此成了新加坡的一部分。② 马来西亚的申请基于新发现的三份 20 世纪 50 年代和 60 年代文件，马来西亚认为这些文件能证明当初英国实际上并未将该岛划归新加坡，这推翻了先前判决的基础。

想要修改之前的判决，马来西亚面临一场艰苦的战斗。这是因为国际法院规约对修改先前判决设定的高标准——除其他条件外，申请必须基于"某些具有决定性意义事实的新发现"。③ 而且新闻报道表明，本次申请可能更多地与马来西亚选举政治有关，而不是基于法律考虑。④ 2017 年 6 月 30 日，马来西亚继 2 月份的申请之后，又提出了一项新的申请，其重点是针对白礁岛周围的海域以及白礁岛之南的一片"低潮高地"南礁（South Ledge）的主权。⑤ 这一新的申请寻求的

---

① 2008 年 5 月 23 日，对马来西亚诉新加坡的关于 Pedra Branca/Pulau Batu Puteh、Middle Rocks 和 South Ledge 主权案件的判决修改申请，申请提交法律程序，2017 年 2 月 3 日。

② 对 Pedra Branca/Pulau Batu Puteh，Middle Rocks 和 South Ledge（马来西亚/新加坡）的主权，判决，2008 年 5 月 23 日。

③ 国际法院规约，第 61（1），https：//treaties. un. org/pages/ViewDetails. aspx？ src ＝ IND&mtds g_no ＝ I － 3&chapter ＝ 1&clang ＝ _en。

④ Bhavan Jaipragas， "Why Malaysia is Fighting Singapore over a Rock"，《南华早报》，2017 年 2 月 11 日。

⑤ 请求对 2008 年 5 月 23 日马来西亚诉新加坡 Pedra Branca/Pulau Batu Puteh，Middle Rocks 和 South Ledge 主权案件的判决进行解释，申请解释，2017 年 6 月 30 日。

是解释，而非对 2008 年判决的改判，因为它认为 2008 年的判决没有解决这些问题。

2017 年 3 月 9 日，国际法院院长罗尼·亚伯拉罕（Ronny Abraham）法官发表声明，宣布法院决定将维持其 2007 年的判决，驳回关于波斯尼亚和黑塞哥维那与塞尔维亚之间有关《防止及惩治灭绝种族罪公约》争端的改判申请。[①] 2007 年的判决虽然裁定塞尔维亚违反了防止和惩治灭绝种族罪的义务，但并不认为塞尔维亚应该对 1991 ～ 1995 年战争期间发生的种族灭绝行为负责。[②]《国际法院规约》对修改判决的申请规定了 10 年的最大期限。[③] 在截止日期之前的几天，法院收到了萨基布·索夫奇克（Sakib Softić）提交的改判申请，他在接受波斯尼亚和黑塞哥维那总统的任命后在原案中担任波斯尼亚的代理人。由于波斯尼亚族裔分裂下的总统制度未能对新的申请特地进行新的任命，索夫奇克认为 2002 年对他的代理任命依然有效。亚伯拉罕法官的陈述驳回了这一立场，理由是在没有来自波斯尼亚的新授权的情况下，法院不能对该申请采取行动。换句话说，修改申请被视为一个新的程序，而不是先前案件的延续。结果并不令人惊讶：2016 年 5 月，国际法院登记处已向索夫奇克先生传达其立场，即需要波斯尼亚当局的新授权；索夫奇克先生随后于 2017 年 2 月 23 日重新提交了申请，但法院的立场保持不变，因为它发现索夫奇克并没有获得新的授权。相关国际法院在

---

① 新闻稿，"Document Entitled 'Application for revision of the Judgment of 26 February 2007 in the case concerning the Application of the Convention on the Prevention and Punishment of the Crime of Genocide（Bosnia and Herzegovina v. Serbia）'：Statement by H. E. Judge Ronny Abraham，President of the International Court of Justice"，国际法院，2017 年 3 月 9 日，http://www. icj-cij. org/files/press-releases/0/000 – 20170309-PRE-01-00-EN. pdf。

② 《防止及惩治灭绝种族罪公约》（波斯尼亚和黑塞哥维那诉塞尔维亚和黑山）的申请，判决，2007 年 2 月 26 日。

③ 《国际法院规约》，第 61（5），https://treaties. un. org/pages/ViewDetails. aspx? src = IND&mtdsg_no = I-3&chapter = 1&clang = _en（"No applicationfor revision may be made after the lapse of ten years from the date of the judgment."）。

审案件见表 4-1。

表 4-1　国际法院在审案件（2017 年 10 月）

诉讼案件

刚果（金）境内的武装活动（刚果民主共和国诉乌干达）（1999 年 6 月 23 日开始）

事由： 乌干达对刚果（金）领土的武装侵略。

现状： 法院于 2005 年 12 月 19 日做出判决，裁定双方均违反国际法。双方未能达成协议，2015 年 7 月 9 日，法院恢复了有关赔偿问题的诉讼程序。最终的诉状将于 2018 年 2 月 6 日到期。

尼加拉瓜在边境地区的活动（哥斯达黎加诉尼加拉瓜）（2010 年 11 月 18 日开始）以及哥斯达黎加圣胡安河沿线的道路修建（尼加拉瓜诉哥斯达黎加）（2011 年 12 月 22 日开始）

事由： 尼加拉瓜共和国涉嫌占领哥斯达黎加领土，涉及在哥斯达黎加境内修建运河，以及圣胡安河上的某些相关疏浚工程。

现状： 2015 年 12 月 16 日，法院认定尼加拉瓜违反了哥斯达黎加的领土主权和航行权，并违背法院于 2011 年 3 月 8 日发布的临时措施指令。但法院认为宣告性救济就足够了，因而拒绝了哥斯达黎加的货币赔偿要求，此外，法院裁定哥斯达黎加违反了国际习惯法义务，即在建造可能对尼加拉瓜造成重大跨界损害的道路之前，应进行环境影响分析。法院进一步裁定尼加拉瓜有权获得经济赔偿。由于各方未能就此事达成协议，目前法院仍在就赔偿问题进行审议。

就太平洋出海权进行谈判的义务（玻利维亚诉智利）（2013 年 4 月 24 日开始）

事由： 玻利维亚声称它试图与智利谈判达成一项授权协议，让玻利维亚获得太平洋出海权，但智利未尽到友好谈判的义务。

现状： 法院于 2015 年 9 月 24 日做出判决，认定其有权审理此案。2016 年 9 月 21 日，法院授权玻利维亚提交答复，智利提交答辩书，并确定 2017 年 3 月 21 日和 2017 年 9 月 21 日作为提交这些书面诉状的相应时限。

尼加拉瓜海岸 200 海里以外尼加拉瓜和哥伦比亚之间大陆架划界问题（尼加拉瓜诉哥伦比亚）（2013 年 9 月 16 日开始）

事由： 尼加拉瓜寻求承认其主张的大陆架主权，范围从其海岸线延伸到 200 海里之外，超过了法院先前认可的专属经济区。

现状： 2016 年 3 月 17 日，根据《波哥大公约》第三十一条，法院认定它有权管辖尼加拉瓜要求法院确定的争议性海上边界轮廓。法院还认定可以受理尼加拉瓜的请求。此后，法院院长于 2016 年 4 月 28 日决定，将 2016 年 9 月 28 日和 2017 年 9 月 28 日分别作为尼加拉瓜和哥伦比亚针对该案情提交诉状和反诉状的时限。

对加勒比海主权和海洋空间侵犯的指控（尼加拉瓜诉哥伦比亚）（2013 年 11 月 26 日开始）

事由： 双方发生主权争执；哥伦比亚在尼加拉瓜海域使用或威胁使用武力，违反了法院 2012 年 11 月的判决和《联合国宪章》第 2（4）条。

现状： 2016 年 3 月 17 日，法院做出决定，认为其根据《波哥大公约》第三十一条有权依据争端的案情做出裁决。同时，法院将 2016 年 11 月 17 日确定为哥伦比亚提交反诉状的时限。

加勒比海和太平洋的海洋划界（哥斯达黎加诉尼加拉瓜）（2014 年 2 月 25 日开始）

事由： 关于加勒比海和太平洋海洋划界的争端。

现状： 公众听证会于 2017 年 7 月 13 日结束，法院开始审议。

续表

"停止核军备竞赛以及核裁军"的谈判义务（马绍尔群岛诉印度，马绍尔群岛诉巴基斯坦，马绍尔群岛诉英国）（2014 年 4 月 24 日开始）

事由：关于采取适当措施停止核军备竞赛和进行核裁军国际法律义务的争端。

现状：2016 年 10 月 5 日，法院以马绍尔群岛提起诉讼时双方没有争议，因而法院以缺乏合适的管辖权为由驳回了这三起案件。

印度洋的海洋划界（索马里诉肯尼亚）（2014 年 8 月 28 日开始）

事由：关于印度洋海洋划界的争议。

现状：2017 年 2 月 2 日，法院做出判决，驳回肯尼亚对法院管辖权和该申请受理资格的初步异议。索马里的反诉状将于 2017 年 12 月 18 日到期。

关于锡拉拉河（Silala River）河域现状及其使用的争议（智利诉玻利维亚）（2016 年 6 月 6 日开始）

事由：智利申诉，流经智利和玻利维亚境内的锡拉拉河是一个受国际法管辖的国际水道，智利有权使用该河，而且玻利维亚有义务对其在河流附近的活动实施污染控制。

现状：法院于 2016 年 7 月 1 日决定，将 2017 年 7 月 3 日作为智利提交书面诉状的期限，2018 年 7 月 3 日为玻利维亚提交反诉状的时限。

豁免与刑事诉讼（赤道几内亚诉法国）（2016 年 6 月 13 日开始）

事由：法国对赤道几内亚第二副总统提起刑事诉讼，并且任其法庭在诉讼形成结果前扣押已用作赤道几内亚驻法大使馆的建筑物。这是否违反了国际法？

现状：2016 年 12 月 7 日，国际法院发布命令，要求法国向赤道几内亚声称的外交大楼提供国际法规定的外交场所保护，等待法院对该争端的进一步审议。2017 年 3 月 31 日，法国对国际法院的管辖权提出初步异议。国际法院将 2017 年 7 月 31 日确定为赤道几内亚共和国提交书面陈述，以及就法国的初步异议提出陈词的时限。

伊朗的特定资产（伊朗诉美国）（2016 年 6 月 14 日开始）

事由：伊朗试图让法院宣布，美国在其反恐活动中违反了 1955 年《与伊朗友好条约》，因为伊朗的某些特定资产依据该条约具有豁免权，而美国依然对这些资产起用了强制执行程序。

现状：2017 年 5 月 1 日，美国对法院的管辖权和申请的可受理性提出了初步异议。2017 年 5 月 2 日，法院将 2017 年 9 月 1 日定为伊朗就对方初步异议提出意见和提交书面陈词的时限。

新的申请

《制止向恐怖主义提供资助的国际公约》和《消除一切形式种族歧视的国际公约》的申请（乌克兰诉俄罗斯联邦）（2017 年 1 月 16 日开始）

事由：乌克兰声称，俄罗斯参与了乌克兰东部冲突，违反了《制止向恐怖主义提供资助的国际公约》；而且俄罗斯对克里米亚的兼并和行政管理违反了《消除一切形式种族歧视的国际公约》。

现状：2017 年 4 月 19 日，法院批准了乌克兰的部分请求，裁定俄罗斯不得维持或增加对克里米亚鞑靼族裔保护其代表性社区的限制，并确保学生可以选择乌克兰语教学。法院院长将 2018 年 6 月 12 日和 2019 年 7 月 12 日分别定为乌克兰提交诉状和俄罗斯联邦提交反诉状的时限。

波蒂略岛北部的陆地边界（哥斯达黎加诉尼加拉瓜）（2017 年 1 月 16 日开始）

事由：哥斯达黎加指控尼加拉瓜在波蒂略岛海滩建立并运营一个新的军营，违反了国际法院 2015 年针对双方在相关地区主权争执和在圣胡安河邻域破坏环境两案所做的合并判决，哥斯达黎加要求法院确定哥斯达黎加和尼加拉瓜在该地区陆地边界的确切位置。

现状：在收到诉状后，法院于 2017 年 7 月 3 ~ 17 日举行了听证会。

申请修改 2008 年 5 月 23 日对白礁岛（马来西亚称为"巴图普特"）、中岛礁和南礁主权案的判决（马来西亚诉新加坡）（2017 年 2 月 3 日开始）

事由： 凭借新掌握的资料，马来西亚希望法院修改 2008 年承认新加坡对白礁岛主权的判决。

现状： 2017 年 2 月 3 日，马来西亚向法院提交了申请。

贾达夫案（Jadhav Case）（印度诉巴基斯坦）（2017 年 5 月 8 日开始）

事由： 印度宣称巴基斯坦以间谍罪和恐怖主义罪名判处一名印度人死刑，并且拒绝印度领事人员的探访和援助，这些行为违反了《维也纳领事关系公约》第 36（1）条。

现状： 2017 年 5 月 18 日，国际法院裁定巴基斯坦必须采取一切措施，以防止在国际法院做出最终判决之前执行死刑。2017 年 6 月 13 日，法院院长将 2017 年 9 月 13 日和 2017 年 12 月 13 日分别确定为印度提交诉状和巴基斯坦提交反辩诉状的时限。

请求对 2008 年 5 月 23 日对白礁岛（马来西亚称为"巴图普特"）、中岛礁和南礁主权案的判决进行解释（马来西亚诉新加坡）（2017 年 6 月 30 日开始）

事由： 基于对国际法院 2008 年判决的解释，马来西亚寻求法院对其在白礁岛周围水域以及南礁主权的认可。

现状： 2017 年 6 月 30 日，马来西亚提出解释的申请。

咨询工作

2017 年 6 月 22 日，联合国大会决议要求国际法院就 1965 年查戈斯群岛与毛里求斯分裂以及英国继续管理该群岛的有关事项提出咨询意见。

资料来源：国际法院，http://www.icj-cij.org/。

三 国际刑事法院

（一）国际刑事法院

1. 刚果民主共和国

公诉人起诉博斯科·恩塔甘达（Bosco Ntaganda）案

2017 年 6 月 15 日，国际刑事法院上诉庭发布了迄今为止最重要的裁决之一，驳回了被告博斯科·恩塔甘达针对法院对其案件中两项罪名的管辖权的质疑。[①] 恩塔甘达曾是刚果（金）爱国解放组织（FPLC）的前领导人，由于他 2002 年和 2003 年在刚果（金）伊图里

---

① 公诉人起诉博斯科·恩塔甘达案，判决恩塔甘达针对"关于辩方对第 6 和第 9 号法院管辖权提出质疑的第二项决定"，ICC - 01/04 - 02/06，2017 年 6 月 15 日（以下称《博斯科·恩塔甘达上诉判决书》）。

冲突中的行为，目前正在接受几项关于战争罪和危害人类罪的指控。在上诉中，恩塔甘达对指控他对招募入 FPLC 的儿童兵实施强奸和性奴役而犯下战争罪表示不服。他辩称，根据国际法，对自己的部队所犯的罪行不是战争罪，因此这些指控不属于国际法院的管辖范围。审判庭在 2017 年 1 月 4 日的决定中驳回了这一质疑①，上诉庭 6 月的裁定支持了这一决定。

对儿童兵的强奸和性奴役当然会被认定为可怕的罪行，而且这种罪行确实属于战争罪，这是毋庸置疑的。此案引人注目之处并不是恩塔甘达案件的结果，而是上诉庭进行裁决的依据。一般来说，《国际人道主义法》（International Humanitarian Law，IHL）的保护是基于身份的。在国际武装冲突的情形下，被敌军俘虏的战斗人员有权获得战俘身份，而平民在落入他国政权手中时会得到特别保护。特别保护（没有明确的国籍限制）适用于受伤、生病或遭遇海难的战斗人员，但是，并没有明确的针对现役战斗人员防范自己部队中其他成员的保护。同样，在非国际性武装冲突的情况下，例如刚果民主共和国的伊图里冲突，《日内瓦公约》"共同第三条"将保护范围延伸至"没有参与敌对行动的人，包括已放下武器的武装部队成员，以及因疾病、受伤、拘留或任何其他原因而退出战斗的人"。② 关于恩塔甘达，有争议的指控是根据第 8 条第 8 (2)（e）（vi）项提出的，该款明确引用了"共同第三条"，在非国际性武装冲突的情况下，禁止"强奸、性奴役、强迫卖淫、强迫怀孕……强迫绝育和任何其他形式的严重违反日内瓦公约'共同第三条'的性暴力行为"。③ 对该文本的一种自然解读

---

① 公诉人起诉博斯科·恩塔甘达，关于辩方对 2017 年 1 月 4 日 ICC－01/04－02/06 第 6 号和 9 号法院管辖权提出质疑的第二项决定。

② 见 1949 年《日内瓦公约》保护战争受害者条款，1949 年 8 月 12 日。该条款被称为"共同第三条"，因为同样的案文出现在 1949 年所有四项日内瓦公约的第三条中。

③ 国际刑事法院《罗马规约》第 8 (2)（e）（vi）条（1998 年 7 月 17 日通过，2002 年 7 月 1 日生效），http://legal. un. org/icc/statute/99_corr/2. htm。

是，整个条款仅将保护范围扩大到受"共同第三条"保护的人，因此不包括现役参与敌对行动的人。

上诉庭可能通过依靠专门针对儿童兵境况的论证维持了指控。法院可能推断，儿童兵本来就不是真正的战斗人员，他们在战场外遭受虐待时应受到与所有不参加敌对行动的人同样的保护。该论点的一个复杂之处在于，法院先前采用了非常宽泛的方法来界定儿童的作战角色。在卢班加（Lubanga）案中，国际刑事法院审判庭认为，"积极参与敌对行动的人员既包括在前线直接参与战斗的人，也包括扮演各种各样角色来支持战斗人员的男孩和女孩"，并进一步断言，"决定性因素"是"儿童对战斗人员提供的支持是否将他或她作为潜在目标暴露于真正的危险之中"。[①] 在那个案子中，被告依据《罗马规约》而被定罪，罪行包括招募15岁以下的儿童兵并怂恿他们"积极参与敌对行动"。因此，将"共同第三条"用于这种情况会得出一个有些尴尬的结论，即受害者既积极参与了敌对行动，又没有积极参与敌对行动。正如一位评论员指出的那样："从某种意义上说，恶有恶报。恩塔甘达案中法院必须调和两种解释——当试图保护儿童兵时把他们看作强制征兵的受害者，当他们成为其他战争罪行的受害者时，又要将他们纳入第8条第8(2)（e）（vi)项的范围。"[②] 但这样的矛盾并非难以克服。禁止招募和使用儿童兵的规定证实，这种战斗人员之间的关系受国际人道法的管制，从属于《儿童兵参与战争时视为犯罪受害者条例》。将现有的性虐待禁令扩展到这类受害者，即可适当地承认儿童兵的特殊地位。

---

① 公诉人起诉卢班加，根据"规约"第74条做出的判决，ICC－01/04－01/06，第7页；2012年3月14日，第286页。

② Yvonne McDermott，"ICC Extends War Crimes of Rape and Sexual Slavery to Victims from Same Armed Forces as Perpetrator"，*IntLawGrrls*，2017年1月5日，https://ilg2. org/2017/01/05/icc-extends-war-crimes-of-rape-and-sexual-slavery-to-victims-from- same-armed-forces-as-perpetrator/。

然而，上诉分庭没有套用这种狭义的论点。相反，它坚持认为第 8(2)(e)(vi)项根本不包含基于身份的限制，因此关于"同一武装部队内的成员之间的虐待"的指控并不重要。为了支持这一立场，法院坚持认为，《国际刑事法院规约》第 8(2)(e)(vi)项援引日内瓦公约共同第三条仅仅是明确"其他形式的性暴力"概念，但并不限制对强奸或其他奴役的禁令。虽然法院没有证据表明战斗人员对战友的性虐待行为已被国际人道主义法明令禁止，但法院仍然断定其对此类罪行具有管辖权，其依据是国际刑事法院规约中也没有明确将其排除，而且"国际人道主义法中并没有一般性的规则将武装团体成员免受同一武装团体成员罪侵的保护排除在外"。[①] 正如一位评论者指出的那样，这种逻辑似乎破坏了长期以来的假设，即战争罪必须在最低程度上反映某种对国际人道法的实际背离。[②]

尽管有这种批评，但案件的结果在很多方面与近几十年来国际刑法的演变相一致。在 19 世纪和 20 世纪初，国际人道法作为管理国家间敌对行为的一系列互惠义务而存在时，以保护敌方战斗人员为重点的规则是有意义的。国际人道法和战争罪行管辖权最近扩大到了非国际冲突，包括纯粹的内战，打破了这种范式，人类尊严超越互惠原则而成为法律的核心组织原则。将战友之间的暴力行为列入国际人道法保护伞的管辖范围之内，是这种演变的自然结果。

正如上诉庭所强调的，在所有案件中对战争罪的定罪仍然需要证明"有关行为发生在武装冲突的背景下，并与之相关"。[③] 与明确的身份要求相比，该标准的应用必然要求更多地依赖司法自由裁量权。尽

---

① 《恩塔甘达上诉判决书》，第 27 页。

② Kevin Jon Heller, "ICC Appeals Chamber Says a War Crime Does Not Have to Violate IHL", *Opinio Juris*, 2017 年 6 月 15 日, http://opiniojuris.org/2017/06/15/icc-appeals-chamber- holds-a-war-crime-does-not-have-to-violate-ihl/。

③ 《恩塔甘达上诉判决书》，第 29 页。

管如此，与武装冲突没有充分联系的成员间的暴力行为仍然不受战争罪的管辖，这至少可以部分地消除对国际法院"手伸得太长"的担忧。法院观察到，正是这种关联性要求，而非所谓的身份要求，足以充分且恰当地将战争罪与普通罪行区分开来。①

2. 其他发展

国际刑事法院越来越接近成为第二次世界大战以来第一个拥有侵略罪管辖权的国际法庭。2010 年，国际法院的缔约国大会（Assembly of States Parties，ASP）就拟议的修正案文达成一致，以将该罪行列入法院规约。根据该修正案的条款，激活法院对侵略的管辖权要求（a）至少 30 个缔约国批准或接受该修正案，以及（b）法院缔约国大会在 2017 年 1 月 1 日之后投票通过该修正案。该修正案于 2016 年 6 月获得了 30 个缔约国的批准，而法院缔约国大会将于 2017 年 12 月召开。在投票前，最大的问题涉及希望选择退出的国家所需要完成的程序。该修正案明确规定，如果没有联合国安理会介入，法院将对选择退出修正案的缔约国所犯的侵略行为没有管辖权。但该文件并没有完全明确"缔约国未批准或接受修正案"的情况本身是否就足以排除管辖权，或者相反地，这样的国家是否必须进一步积极地向法院提出声明，明确表示其愿意选择退出。虽然这两种选择都把最终决定交给了国家裁量权，但要求国家采取积极行为会带来公开窘迫的风险，而前一种更为被动的方案下这种风险则较小。

2017 年 12 月 6 日，国际刑事法院开始审判多米尼克·昂格温（Dominic Ongwen）于 2002 年 7 月 1 日～2005 年 12 月 31 日在乌干达犯下的罪行。昂格温是圣灵抵抗军的前领导人，目前正以多项战争罪和危害人类罪罪名受审，其中包括谋杀、强奸、强迫婚姻、性奴役、征募儿童兵、酷刑和抢劫。鉴于昂格温自己童年时被诱拐加入圣灵抵

---

① 《恩塔甘达上诉判决书》，第 29 页。

抗军的经历，该案件引起了特别关注。国际刑事法院检察官法图·班苏达（Fatou Bensouda）在审判开始时的开场白中强调，"过去遭受过伤害既不是正当的理由，也不是伤害他人的借口"，但她允许"如果昂格温被判有罪，多年前他自己被绑架征召入圣灵抵抗军的情况可能会在一定程度上减轻对他的刑罚"。① 如果（看起来很可能）审判确实以定罪结束，那么法院在判决中如何量刑将受到密切关注。

在国际法庭中，只有国际刑事法院有权向受害者提供赔偿或代表受害者索要赔偿。2017 年 3 月 24 日，第二审判分庭就日耳曼·卡丹加（Germain Katanga）一案发布了赔偿令，之前卡丹加因在刚果民主共和国境内犯下的危害人类罪和战争罪以被判处 12 年监禁。② 该命令要求被告支付 100 万美元的赔偿金，包括个人和集体赔偿。在个人赔偿方面，赔偿令裁定对已申请赔偿且已确定符合条件的 297 名受害者象征性地支付 250 美元。此外，法院还为受害者群体索要四种集体赔偿，包括住房援助、教育援助、创收活动和心理康复。卡丹加目前很穷，无法履行这一命令。但是，法院的受害人信托基金有权在这种情况下支付赔偿金，并已同意对此案进行支付。

另一项重要的赔偿令发生在 2017 年 8 月 17 日检察官起诉艾哈迈德·法齐·马哈迪（Ahmad Al Faqi Al Mahdi）一案。③ 去年的评论讨论了对马哈迪的快速诉讼程序，他对自己的罪行供认不讳，于是因其在 2012 年 6 ~ 7 月故意损坏马里廷巴克图的宗教和历史建筑物被判有罪，被判处 9 年徒刑。④ 在赔偿令中，第八审判分庭认定，因造成了

---

① 新闻稿，"Statement of the Prosecutor of the International Criminal Court, Fatou Bensouda, at the opening of Trial in the case again Dominic Ongwen"，国际刑事法院，2016 年 12 月 6 日，https://www.icc-cpi.int/Pages/item.aspx? name = 2016 - 12 - 06-otp-stat-ongwen。

② 公诉人起诉日耳曼·卡丹加案，根据"规约"第 75 条提出的赔偿令，ICC - 01/04 - 01/07，2017 年 3 月 24 日。

③ 公诉人起诉艾哈迈德·法齐·马哈迪案，赔偿令，ICC - 01/12 - 01/15，2017 年 8 月 17 日。

④ 见 *ARUNA 2015/2016* 第 4. A 章，同前引述，第 6 ~ 17 页。

受保护建筑物的损坏、经济损失以及相关人员的精神伤害，马哈迪应负担共计 270 万欧元的个人和集体赔偿。分庭为那些生计完全依赖于受保护建筑的人要求了个人赔偿。[①] 关于经济损失，分庭判决了一项集体赔偿，用于恢复廷巴克图的经济活动，鼓励"以社区为基础的教育和开启民智的项目"。[②] 鉴于"文化财产和文化遗产的独特性和情感价值"，分庭判定被告应支付个人赔偿（给予墓园遭到毁坏之人的后代）和集体赔偿，以弥补精神上的伤害。[③] 虽然这些赔偿仅限于廷巴克图，但分庭还下令被告象征性地向马里支付 1 欧元的名义赔偿金，同时也向教科文组织代表的国际社会支付 1 欧元赔偿金。最后，法院下令在其网站上刊登马哈迪之前的道歉信摘录，以便受害者能够看到其被法院认定的"真实、明确且感性"的声明。[④]

法院针对利比亚局势发布了两份新的逮捕令。第一份是对图哈伊·穆罕默德·哈立德（Al-Tuhamy Mohamed Khaled）的逮捕令，首先于 2013 年秘密签发，后于 2017 年 4 月 24 日公开。与法院以前对利比亚发布的逮捕令一样，被告被指控与前卡扎菲政权在 2011 年犯下的暴行有关。2017 年 8 月 15 日发布的第二份逮捕令旨在逮捕穆罕默德·穆斯塔法·布希夫·沃菲勒（Mahmoud Mustafa Busyf Al-Werfal-li），他因涉嫌在 2016 年 6 月 3 日～7 月 17 日发生的 7 起事件中杀害 33 人而被指控犯有战争罪。对沃菲勒的逮捕令受人瞩目，因为被告是现任利比亚政府的高级军事指挥官，2011 年曾与卡扎菲政权作战。因此，这一逮捕令标志着国际刑事法院首次对利比亚的反卡扎菲力量进

①　公诉人起诉艾哈迈德·法齐·马哈迪案，赔偿令，ICC - 01/12 - 01/15，2017 年 8 月 17 日，第 33 页（重点补充）。

②　公诉人起诉艾哈迈德·法齐·马哈迪案，赔偿令，ICC - 01/12 - 01/15，2017 年 8 月 17 日。

③　公诉人起诉艾哈迈德·法齐·马哈迪案，赔偿令，ICC - 01/12 - 01/15，2017 年 8 月 17 日，第 36～37 页。

④　公诉人起诉艾哈迈德·法齐·马哈迪案，赔偿令，ICC - 01/12 - 01/15，2017 年 8 月 17 日，第 38 页。

行追捕；同时，也因其关注点为最近的事态而与其他利比亚案件不同。由于利比亚不是《国际刑事法院规约》的缔约国，法院的管辖权是基于安理会2011年2月的一项决议，授权国际刑事法院负责"自2011年2月15日起"的利比亚局势。[①] 尽管促成安理会决议的特定危机已经过去，但针对沃菲勒的逮捕令依旧依赖这一开放式的授权。

前几年的评论已经讨论过越来越多的非洲国家对国际刑事法院的反对意见。虽然这些紧张局面可能部分缘于国际刑事法院迄今为止处理的案件总是以非洲为焦点，更直接的爆发点来自国际刑事法院调查了政府军，并试图逮捕现任国家元首（特别是达尔富尔和肯尼亚）。一些缔约国罔顾国际刑事法院对苏丹总统奥马尔·巴希尔（Omar Al-Bashir）的逮捕令和引渡要求，欢迎他进行正式访问。去年，布隆迪、冈比亚和南非这三个非洲国家宣布了退出国际刑事法院的打算。2017年1月，非洲联盟大会发布了一项决议，表示"欢迎并全力支持"那些退出声明，并将采取一种"退出战略"来呼吁"进一步研究集体撤出的思路"。[②] 这引发了对大规模退出国际刑事法院的担心。但很快，支持退出的势头似乎已经放缓。2017年2月，在新总统阿达玛·巴罗（Adama Barrow）当选后，冈比亚宣布其仍将是法院的缔约国。2017年3月，南非宣布撤销其退出计划，此前南非法官于2017年2月做出裁决，退出决策在没有得到议会批准的情况下无效。目前，只有布隆迪在向联合国秘书长发出通知并等候强制性一年等待期届满，按计划于2017年10月27日退出国际刑事法院。

2016年11月14日，国际刑事法院检察官办公室（OTP）发布了一份各类事件的初步调查审查。该报告因其对阿富汗的评论而成为头条新闻，涉及一项2007年首次公布的初步审查。除了注意到塔利班、

---

① 安理会决议，"非洲的和平与安全"，S/RES/1970（2011），2011年2月26日。

② 非洲联盟大会第622（XXVⅢ）号决定，"关于国际刑事法院（ICC）的决定，Doc. EX. CL/1006（XXX）"，亚的斯亚贝巴，2017年1月30日至31日，非洲联盟大会第28届常会。

哈卡尼网络和阿富汗政府军犯下战争罪的证据外，检察官办公室还报告说它有一个"合理的理由相信"，部署在阿富汗的美军以及中央情报局所属的秘密拘留所都曾发生过酷刑和虐待，这一点犯下了战争罪。罪行主要发生在 2003~2004 年，但据称在某些案件中这种情况持续到了 2014 年。① 检察官办公室进一步指出，关于是否开展正式调查的决定"迫在眉睫"。② 国际刑事法院对调查的期望以及对美国军队提出指控的可能性，标志着迄今为止主要致力于非洲局势的国际刑事法院有了新的且不确定的领域。然而，在 2017 年 7 月，检察官办公室根据从阿富汗政府收到的大量新信息，宣布推迟其决定。检察官办公室同时也正在进行其他重要的初步审查，包括英国在伊拉克对被拘留者的虐待、以色列部队对加沙海岸一支舰队的致命袭击，以及俄罗斯与乌克兰之间的冲突。所有这些审查都将受到密切关注。相关国际刑事法院在审案件见表 4－2。

表 4－2　国际刑事法院在审案件（2017 年 11 月）

刚果民主共和国

公诉人起诉博斯科·恩塔甘达（Bosco Ntaganda）案

事由： 刚果（金）爱国解放组织（FPLC）前副总参谋长和刚果（金）国防军（一个活跃在刚果民主共和国北基伍省的武装团体）参谋长被指控犯有招募征用 15 岁以下儿童参加现行敌对行动的战争罪。

现状： 审判正在进行中。2017 年 6 月 15 日，国际刑事法院上诉庭裁定，法院对恩塔甘达涉嫌对其他刚果爱国解放组织成员犯下的强奸和性奴役战争罪行拥有管辖权。

公诉人起诉谢尔韦斯特·姆达库姆拉（Sylvestre Mudacumura）案

事由： 被告系卢旺达民主解放组织最高指挥官，被指控从 2009 年 1 月~2010 年 9 月在刚果民主共和国的基伍湖周边省份犯有战争罪，包括谋杀、强奸、酷刑、残害和破坏财产。

现状： 2012 年 7 月，第二预审分庭签署姆达库姆拉的逮捕令。目前被告仍未归案。

中非共和国（CAR）

公诉人起诉简－皮埃尔·本巴·贡博（Jean-Pierre Bemba Gombo）案

事由： 被告系刚果（金）解放运动（MLC）主席兼总司令，被指控犯有危害人类罪和战争罪，包括谋杀、强奸和酷刑，据称这些罪行是在 2002 年和 2003 年刚果（金）解放运动战士介入中非共和国境内的内部冲突时犯下的。

---

① 国际刑事法院检察官办公室，《2016 年初步审查活动报告》第 44 页，2016 年 11 月 14 日。
② 国际刑事法院检察官办公室，《2016 年初步审查活动报告》第 44 页，2016 年 11 月 14 日。

现状：2016 年 3 月 21 日，第三审判分庭一致判定本巴犯有两项危害人类罪（谋杀和强奸）及三项战争罪（谋杀、强奸、掠夺）。2016 年 6 月 21 日，被告被判处 18 年监禁。被告和检方均已提出上诉。

公诉人起诉本巴（Jean-Pierre Bemba Gombo）、基洛洛（Aimé Kilolo Musamba）、曼根达（Jean-Jacques Mangenda Kabongo）、巴巴拉（Fidèle Babala Wandu）和阿里多（Narcisse Arido）案

事由：在公诉人起诉本巴一案中，被告人涉嫌在知情的情况下提供虚假或伪造的证据，并买通和教唆一名证人向法院提供虚假证词。

现状：2016 年 10 月 19 日，第七审判分庭裁定所有五名被告犯有干扰司法等多项罪行。2017 年 3 月 22 日，第七审判分庭分别判处本巴追加 1 年监禁，基洛洛 2 年 5 个月监禁，曼根达 2 年监禁，阿里多 11 个月监禁，巴巴拉 6 个月监禁。除本巴以外的所有人，法院下令减除已经服刑期，因此阿里多和巴巴拉已经服刑完毕。对于基洛洛和曼根达，法院判缓刑三年，只要被告不再犯下应受处罚的罪行，判决就不会生效。此外，基洛洛的缓刑还需支付 30000 欧元的罚款。

事由：2012 年 8 月 1 日以来，涉嫌在中非共和国犯下反人类罪和战争罪。

现状：2014 年 9 月，检察官宣布决定在中非共和国开展第二次调查，来处理自 2012 年以来发生的罪行。这一案件已被分配给第二预审分庭。

乌干达

公诉人起诉约瑟夫·科尼（Joseph Kony）和文森特·奥狄（Vincent Otti）案

事由：圣灵抵抗军（LRA）是一个对抗乌干达政府的叛乱组织，这两个圣灵抵抗军领导人涉嫌在乌干达北部犯下反人类罪和战争罪，包括谋杀、强奸、性犯罪和征童兵。

现状：科尼仍然未归案。据媒体报道，奥狄在 2007 年被杀。

公诉人起诉多米尼克·昂格温（Dominic Ongwen）案

事由：嫌犯系圣灵抵抗军领导人，涉嫌在乌干达北部犯下反人类罪和战争罪，包括谋杀、强奸、性犯罪和招募童兵。

现状：昂格温于 2015 年 1 月 16 日被国际刑事法院拘留。2016 年 3 月 23 日，第二预审分庭确认了几项针对其犯人道罪和战争罪的指控。审判于 2016 年 12 月 6 日开庭。

苏丹，达尔富尔

公诉人起诉阿迈德·穆哈迈德·哈伦（Ahmad Muhammad Harun）和阿里·穆哈迈德·拉赫曼（Ali Muhammad Ali Abd-Al-Rahman）案

事由：前苏丹政府内政部部长、现任苏丹人道主义事务部部长哈伦，以及金戈威德民兵组织（Janjaweed Militia）领导人拉赫曼涉嫌犯下反人类罪和战争罪，罪行包括于 2003 年和 2004 年在苏丹达尔富尔地区的谋杀、强奸和强迫迁移人口。

现状：被告仍未归案。

公诉人起诉奥马尔·哈桑·阿迈德·巴希尔（Omar Hassan Ahmad Al-Bashir）案

事由：现任苏丹共和国总统涉嫌在 2003～2008 年在苏丹达尔富尔地区犯下灭绝种族罪、反人类罪和战争罪。

现状：被告仍未归案。2017 年 7 月 6 日，第二预审分庭宣布，决定不向联合国安理会提交南非没有履行其法律义务协助逮捕和移交被告的问题。

公诉人起诉阿布达赖·班达·阿巴卡尔·诺瑞恩（Abdallah Banda Abakaer Nourain）案

事由：该苏丹反叛组织领导人被指控因 2007 年在对非洲联盟驻北达尔富尔维和部队的袭击犯下战争罪。

现状：被告仍未归案。

公诉人起诉阿布德尔·拉希姆·穆哈迈德·侯赛因（Abdel Raheem Muhammad Hussein）案

事由：嫌犯系喀土穆州现任州长，前国防部长、内政部长和达尔富尔总统特别代表，涉嫌犯有反人类罪和战争罪。

现状：被告仍未归案。

肯尼亚共和国

公诉人起诉瓦尔特·欧萨皮瑞·巴拉萨（Walter Osapiri Barasa）案

事由：肯尼亚记者巴拉萨被指控犯有若干干扰司法行政的罪行，包括影响或试图影响证人。

现状：2013年10月，第二预审分庭发布了逮捕令。被告仍未归案。

公诉人起诉保罗·吉切鲁（Paul Gicheru）和菲利普·基泼奇·贝特（Philip Kipkoech Bett）案

事由：被告被指控犯有侵害司法行政的罪行，包括收买和影响检方证人。

现状：2015年3月10日签发了秘密逮捕令，后于2015年9月10日公开。被告仍然未归案。

利比亚

公诉人起诉赛义夫·伊斯兰·卡扎菲（Saif Al-Islam Gaddafi）案

事由：利比亚前事实上的总理赛义夫·伊斯兰·卡扎菲被指控在2011年谋杀和迫害那些抗议利比亚已故领导人穆阿迈尔·卡扎菲政权的人，犯有危害人类罪。

现状：国际刑事法院无法继续审理此案，因为自2011年被捕以来，被告一直被利比亚的津坦民兵拘留。2014年12月10日，第一预审分庭裁定利比亚违反了对法院的义务，没有交出卡扎菲，也没有将利比亚官员在2012年查获的文件原件交还给他的律师。预审分庭已将这一情况提交联合国安理会。

2015年7月，利比亚一家法院判处卡扎菲与其他几名前官员枪决。2016年7月，媒体报道援引被告的利比亚辩护律师的声明，指出卡扎菲在几个月前依据大赦法获释。但这些声明未得到证实。

公诉人起诉图哈伊·穆罕默德·哈立德（Al-Tuhamy Mohamed Khaled）案

事由：利比亚前内部安全局负责人哈立德，作为已故利比亚领导人穆阿迈尔·卡扎菲政权的代表，被指控于2011年犯下多种反人类罪和战争罪。

现状：2013年4月18日签署秘密逮捕令，后于2017年4月24日公开。被告仍未归案。

公诉人起诉穆罕默德·穆斯塔法·布希夫·沃菲勒（Mahmoud Mustafa Busayf Al-Werfalli）案

事由："闪电旅"（Al-Saiqa Brigade）的主要负责人穆罕默德·穆斯塔法·布希夫·沃菲勒被指控犯有战争罪，涉嫌与2016年和2017年的7起共死亡33人的谋杀案有关。

状态：逮捕令于2017年8月15日发布。被告仍未归案。

科特迪瓦共和国

公诉人起诉洛朗·巴博（Laurent Gbagbo）和查尔斯·古德（Charles Blé Goudé）案

事由：两名嫌犯分别系科特迪瓦前总统和科特迪瓦政治领导人，被指控为反人类罪的间接共犯，罪行包括谋杀、强奸、性暴力、迫害，以及于2010年12月～2011年4月在科特迪瓦的选举后暴力事件中犯下的其他不人道行为。

现状：审判于2016年1月28日开始。2017年7月19日，上诉分庭命令审判分庭进行复查，考虑巴博先生在审判结果出来之前是应继续被拘留还是应被释放。

公诉人起诉西蒙尼·巴博（Simone Gbagbo）案

事由：科特迪瓦前第一夫人被指控在2010年12月～2011年4月，在科特迪瓦大选后的暴力事件中作为间接共犯犯下了反人类罪。

现状：2015年5月27日，上诉分庭批准了预审分庭2014年12月11日的决定，宣布国际刑事法院受理此案。2015 年 3 月 10 日，科特迪瓦一家法院判定西蒙尼破坏国家安全，并判处她 20 年监禁。2016 年 5 月，针对西蒙娜的第二起国内起诉进入审判阶段，指控她参与了大选后对现任总统阿拉萨内·瓦塔拉的支持者的虐待行为。该审判于 2017 年 3 月以无罪裁决告终。被告仍被关押在科特迪瓦，当局拒绝将她交给国际刑事法院。

马里

事由： 自 2012 年 1 月起在马里犯下的战争罪。

现状： 2012 年 7 月，马里将案件提交国际刑事法院。2013 年 1 月，检察官办公室正式开始调查。

公诉人起诉艾哈迈德·法奇·马赫迪（Ahmad Al Faqi Al Mahdi）案

事由： 马赫迪是基地组织附属组织 AE 团（Ansar Eddine）的一名成员，被控犯有故意毁损历史古迹和宗教建筑的战争罪，包括廷巴克图的九座陵墓和一座清真寺。

现状： 审判于 2016 年 8 月 22～24 日进行，在此期间被告承认有罪。2016 年 9 月 27 日，第八审判分庭一致认定马赫迪有罪并判处其 9 年监禁。2017 年 8 月 17 日，为弥补受保护建筑物损坏、经济损失和精神伤害，第八审判分庭判处马赫迪先生赔付个人和集体赔偿共计 270 万欧元。

格鲁吉亚

事由： 战争罪，以及于 2008 年 7 月 1 日～10 月 10 日，在南奥塞梯及其周围发生的国际武装冲突中犯下的罪行。参与冲突的三方是格鲁吉亚武装部队、南奥塞梯武装部队和俄罗斯武装部队。

现状： 2016 年 1 月 27 日，第一预审分庭批准了检察官开展自行调查的要求。

资料来源：国际刑事法院，http：//www.icc-cpi.int/。

（二）其他法庭

随着本章的出版，前南斯拉夫问题国际刑事法庭（ICTY）结束了最后审议程序。2017 年 11 月 22 日，法院结束了对前波斯尼亚塞族军事领导人拉特科·姆拉迪奇（Ratko Mladić）的最后审判。审判分庭判定被告犯有灭绝种族罪、反人类罪和战争罪，并判处他终身监禁。一周后，即 2017 年 11 月 29 日，法院上诉分庭宣布了最终判决。公诉人起诉普尔利奇（Prlić）等人的案件，涉及几位波斯尼亚克罗地亚领导人面对其战争罪和危害人类罪指控而提出的上诉。法院维持了之前对所有被告的大多数（不是全部）定罪，并且确认了审判分庭做出的每一项判决。这场审判成为轰动性新闻，因为被告人之一斯洛博丹·普拉利亚克（Slobodan Praljak）打断了公开宣判，表达他对法官的蔑视，然后迅速喝了一小瓶他不知如何带进法庭的毒药。不久后，他就在一家医院里去世了。前南斯拉夫问题国际刑事法庭的正式闭幕式定于 2017 年 12 月 21 日举行。

姆拉迪奇审判预期将进行的上诉，将交给前南斯拉夫问题国际刑事法庭的继任机构——国际刑事法庭（MICT）余留机制处理。2017 年 6 月 13 日，国际刑事法庭机制开始审判约维卡·斯坦尼希奇（Jovica Stanišić）和弗兰克·斯马托维奇（Franko Simatović），前南斯拉夫问题国际刑事法庭上诉分庭撤销了之前审判分庭对他们的无罪判决。国际刑事法庭机制面对的案件还包括：前波斯尼亚塞族领导人拉多万·卡拉季奇（Radovan Karadžić）案，他正在对其灭绝种族罪、战争罪和反人类罪的罪名进行上诉；前塞尔维亚政治家和准军事部队领导人沃伊斯拉夫·舍舍利（Vojislav Šešelj）案，其无罪判决正面临公诉人的上诉。此外，现已休庭的卢旺达问题国际刑事法庭（ICTR）之前起诉的三名在逃嫌犯，也交由国际刑事法庭机制处理。

黎巴嫩问题特别法庭（STL）继续对四名被控参与 2005 年贝鲁特袭击事件的嫌疑人进行缺席审判，该事件造成前总理拉菲克·哈里里（Rafiq Hariri）和其他 21 人死亡，另有 226 人受伤。

2017 年 6 月 23 日，柬埔寨法院特别法庭（ECCC）发表声明，结束了对前红色高棉领导人农谢（Nuon Chea）和乔森潘（Khieu Samphan）的第二阶段审理。该案现在正在等待最终判决。两名被告已经于审判的第一阶段因反人类罪被判终身监禁。2016 年 11 月 23 日，法院上诉分庭维持了该阶段的大部分判决，并确认了二人的无期徒刑。

在柬埔寨政府的反对下，起诉更多被告的尝试被迫搁置，只有另外一人受到了柬埔寨法院特别法庭的审判。2017 年 2 月 22 日，法院的共同调查法官驳回了对前红色高棉官员恩清（Im Chaem）的指控，理由是法院缺乏对个人的管辖权，因为她既不是红色高棉的最高级领导人，对所诉罪行也不负有主要责任。另外三名嫌疑人仍交由共同调查法官负责，目前尚不清楚他们的案件是否会进入审判阶段。

其他法庭案件见表 4 – 3 至表 4 – 6。

表 4 – 3　前南斯拉夫问题国际刑事法庭（2017 年 11 月）

上诉中的案件

公诉人起诉普尔利奇（Jadranko Prlić）、斯托季奇（Bruno Stojić）、普拉利亚克（Slobodan Praljak）、佩特科维奇（Milivoj Petković）、克里奇（Valentin Ćorić）和普西奇（Berislav Pušić）案

事由： 上述波斯尼亚克族高级军事和政府官员被指控严重违反《日内瓦公约》，犯下反人类罪，而且在波斯尼亚和黑塞哥维那犯下了战争罪。

现状： 2013 年 5 月 29 日，审判分庭判处普尔利奇 25 年监禁，判处斯托季奇、普拉利亚克和佩特科维奇 20 年监禁，判处克里奇 16 年监禁，判处普西奇 10 年监禁。2013 年 6 月，普西奇和普拉利亚克对判决提出上诉。2013 年 8 月，检方存档其上诉；2014 年 3 月，普西奇重新提出上诉。2017 年 11 月 29 日，上诉分庭做出判决，维持对每名被告的大部分（但不是全部）罪名，并维持审判分庭判处的每一项判决。

审判中的案件

公诉人起诉姆拉迪奇（Ratko Mladić）案

事由： 嫌犯前波斯尼亚塞族军队主要指挥官，被指控于 1992～1995 年在波斯尼亚和黑塞哥维那犯有灭绝种族罪、反人类罪和战争罪。

现状： 审判于 2012 年 5 月开始，辩方于 2014 年 5 月 19 日开始工作。2017 年 11 月 22 日，审判分庭判定被告人犯有灭绝种族罪、反人类罪和战争罪，并判处终身监禁。国际刑事法庭机制将拥有对预期的上诉的管辖权。

　　资料来源：前南斯拉夫问题国际刑事法庭，http://www.icty.org/。

表 4 – 4　联合国国际刑事法庭机制（2017 年 10 月）

公诉人起诉斯坦尼希奇（Jovica Stanišić）和斯马托维奇（Franko Simatović）案

事由： 前塞尔维亚共和国内政部国家安全局局长或负责人斯坦尼希奇，国家安全局前情报员和指挥官斯马托维奇，被控在克罗地亚、波斯尼亚和黑塞哥维那犯有反人类罪和战争罪。

现状： 2015 年 12 月 9 日，前南问题国际法庭上诉分庭撤销了 2013 年 5 月 30 日两名被告的无罪判决。国际刑事法庭机制于 2017 年 6 月 13 日开始重新审理。

公诉人起诉卡拉季奇（Radovan Karadžić）案

事由： 嫌疑人系斯普斯卡共和国前总统及其武装部队最高指挥官，被指控在波斯尼亚和黑塞哥维那境内犯下灭绝种族罪、反人类罪和战争罪。

现状： 2016 年 3 月 24 日，前南问题国际法庭审判分庭根据他参与四个独立的联合犯罪集团，判决被告犯有灭绝种族罪、反人类罪和战争罪。分庭判处其 40 年监禁。被告向国际刑事法庭机制提出了上诉，上诉程序正在进行中。

公诉人起诉舍舍利（Vojislav Šešelj）案

事由： 嫌犯系前塞尔维亚激进党主席和塞尔维亚共和国议会议员，被指控在克罗地亚、波斯尼亚和黑塞哥维那以及塞尔维亚伏伊伏丁那地区犯下反人类罪和战争罪。

现状： 2016 年 3 月 21 日，前南问题国际法庭审判分庭曾做出判决，判决被告无罪。公诉人已在国际刑事法庭机制提出上诉，上诉程序正在进行中。

　　资料来源：联合国国际刑事法庭机制，http://www.unmict.org。

表 4-5　柬埔寨法院特别法庭（2017 年 10 月）

上诉中的案件

第 002/01 号关于英萨利（Ieng Sary）、英蒂利（Ieng Thirith）、乔森潘（Khieu Samphan）和农谢（Nuon Chea）案件

事由： 嫌犯多为幸存的红色高棉前领导人，被指控犯有灭绝种族罪、严重违反《日内瓦公约》，并于 1975~1979 年犯下反人类罪。

现状： 2012 年 12 月，最高法院分庭下令释放英蒂利（后于 2015 年 8 月 22 日去世），理由是她的健康状况不适合接受审判。释放令附随有司法监督等条件。2013 年 3 月，英萨利去世。第 002/01 号案针对农谢和乔森潘的第一次审理于 2013 年 10 月 31 日结束，主要聚焦在他们强迫迁移金边人口和处决朗诺政权士兵的罪行。2014 年 8 月 7 日，农谢和乔森潘被判犯有反人类罪并被判处终身监禁。2016 年 11 月 23 日，法院上诉分庭维持了大部分罪行，并维持了对二人终身监禁的判决。

审判中的案件

第 002/02 号针对乔森潘和农谢的案件

事由： 嫌犯系幸存的红色高棉前领导人，被指控犯有灭绝种族罪、严重违反《日内瓦公约》，并于 1975~1979 年犯下反人类罪。

现状： 2014 年 10 月 17 日，对农谢和乔森潘进行了第二次审判，以追加对二人的指控，其中包括对占族（The Cham）和越南人的灭绝种族、强迫婚姻和强奸，以及对前朗诺政权官员的迫害等罪行。案件审理已于 2017 年 6 月 23 日结束，目前正在等待判决。

庭审准备案件

第 003、004、004/1、004/2 号案件

事由： 对红色高棉另外五名领导人的调查。

现状： 2015 年 3 月，在米斯慕斯（Meas Muth）（案件 003）和恩清（Im Chaem）（案件 004）缺席，敖安（Ao An）（案件 004）到席的情况下对三人提出指控。2016 年 2 月 5 日，共同调查法官下令中止对恩清（现为案件 004/1）的诉讼程序，因为对这些指控的调查已经结束。2015 年 12 月和 2016 年 3 月，法院对严迪斯（Yim Tith）（案例 004）、米斯慕斯（案例 003）和敖安（案例 004）追加了灭绝种族罪、反人类罪和杀人罪的指控。2016 年 2 月 5 日，共同调查法官下令终止对敖安（现为案件 004/2）的诉讼，因为对这些指控的调查已经结束。2017 年 2 月 22 日，法院的共同调查法官驳回了对前红色高棉官员恩清的指控，理由是法院没有个人管辖权，因为她既不是红色高棉的最高级领导人，也对所诉罪行不负有主要责任。

资料来源：柬埔寨法院特别法庭，http://www.eccc.gov.kh/en。

表 4-6　黎巴嫩问题特别法庭（2017 年 10 月）

审判中的案件

公诉人起诉亚什亚（Salim Jamil Ayyash）、巴德尔丁（Mustafa Amine Badreddine）、奥内西（Hussein Hassan Oneissi）、萨布拉（Assad Hassan Sabra）和迈尔希（Hassan Habib Merhi）案

事由： 五名真主党成员被指控于 2005 年进行恐怖主义行动，并导致黎巴嫩前总理拉菲克·哈里里死亡。

现状： 2016 年 7 月 11 日，上诉分庭撤销了审判分庭的裁决，并终止了对五名被告之一巴德尔丁的诉讼，因为有足够证据证明他已死亡。这一决定并不妨碍重审：如果有新的证据表明他实际还活着，则可以重新考虑该决定。其他嫌疑人仍然逍遥法外，目前正在进行对他们的缺席审判。

续表

审判前的案件

哈迈德（Marwan Hamadeh）、哈维（George Hawi）和艾莫尔（Elias El-Murr）的关联案件

事由：对 2005 年三名黎巴嫩政治人物受袭事件的调查。

现状：2012 年 7 月，审判分庭确认了法庭的管辖权，受理发生在 2005 年 2 月 14 日的袭击事件以及相关案件的被告人。这些案件尚未发布逮捕令。

资料来源：黎巴嫩问题特别法庭，http://www.stl-tsl.org/。

四　总结

过去的一年中，在没有重大的最终判决的情况下，国际法庭作为其自身判决权的守门人，起到了突出的作用。有人可能会认为，法官通常会犯滥用管辖权的错误，尽管如此，宣示管辖权的行为——就像国际法院在索马里/肯尼亚海洋边界争端中，以及国际刑事法院在对恩塔甘达的有争议的战争罪指控中所做的那样——似乎维护了法律的国际规则，提升了国际法院的权威，但这样做也存在风险，特别是当法院的权力本身就有赖各国的准许。如果国际法院或国际刑事法院这类法庭被认为"手伸得太长"，那么其结果很可能是被边缘化，而非得到加强。国际法庭在这个问题上如同"走钢丝"，因为无论是冒进还是保守，都可能使它最终沦为政治角色，而不是法律角色，从而削弱其公认的合法性。

这种紧张局势在国际法院面对马绍尔群岛争端时最为突出。法院基于形式主义的论证而拒绝对该问题的管辖权，可能泄露了其避免招惹核大国的意愿，同时却无视给出一个最终裁决的意义。在这种情况下最可能的结果是受到蔑视，甚至可能被撤销对管辖权的授权。同样，国际刑事法院因其完全聚焦非洲局势而受到批评，但法院的真正挑战实际上不是区域性的。非洲联盟反对派提出的核心问题是，当司法管辖权的有效性本身就建立在各国的应允与合作之上时，国际刑事法院针对国家行为提起刑事指控，还能否有效地发挥作用？由于目前国际

刑事法院检察官办公室（OTP）的审查可能会（虽然难以确定）引致对英国、以色列、俄罗斯和美国军队的指控，这个问题将受到越来越多的关注。

第五章　秘书处：与时俱进

哈利尔·哈姆达尼

一　引言

伴随着潘基文的离任和古特雷斯的上任，秘书处在 2016～2017 年进行了改组。对于继任者而言，如何维持其前任的成就将是其面临的一大挑战，而这却并非轻而易举之事。目前应对气候变化的协议①因美国的行将退出而受到威胁，可持续发展议程②的执行也遭遇了来自多边冲突、人道主义危机和资金短缺的困扰。此外，美国还修订了对常规项目以及维和行动的捐助预算，这一最大捐助国所实施的紧缩政策会导致联合国举步维艰，而该组织需要大胆的领导才能保持与时俱进。

---

① 《巴黎协定》于 2015 年 12 月 12 日通过，2016 年 11 月 4 日生效。参见 2015 年 11 月 30 日～12 月 13 日在巴黎举行的《联合国气候变化框架公约》缔约方大会第二十一次会议报告（增编），FCCC/CP/2015/10/Add，2016 年 1 月 1 日，第 29 页。协议文本可在 https://es.un.org/doc//2016/02/20160215% 2006 – 03% 20PM/ch_xxvie-7-d. pdf 中找到。

② 见 *ARUNA 2015/2016* 决议中关于《改变我们的世界：2030 年可持续发展议程》的第 1. C 章，2015 年 9 月 25 日。

二 秘书处概况

秘书处负责支持如联合国大会、安全理事会、经济及社会理事会和国际法院①等其他机构的审议工作。该工作传统上包含了为会议提供各项服务，如议程、文件和程序的准备以及相关进程的解释和记录等，这也意味着可能会衍生更多的会议。秘书处引导这一进程转化为具体成果，其中值得关注的成果包括基本宣言和公约、维护和平与安全、全球问题行动计划以及设立与技术援助和紧急救济有关的运营实体。秘书处及其有关实体和附属组织曾先后 13 次获得诺贝尔和平奖。②

在为联合国工作的 75934 名工作人员中，秘书长的职级最高。③ 目前有大约一半工作人员（40131 名）在秘书处本部工作，另一半工作人员（35803 名）则在有关实体部门（主要是儿童基金会、难民专员办事处、开发计划署、人口基金、项目厅和联合国妇女署④）工作。这些实体在管理、治理以及通过自愿捐款与收入获取资金方面具有很高的自主性。

秘书处的经费来自对联合国经常预算的拨款和预算外拨款。近年来，经常预算经费一直徘徊在每两年期 56 亿美元左右，即每年不超过

---

① 托管理事会的工作于 1994 年暂停。

② 受援国包括 5 名秘书处工作人员（达格·哈马舍尔德、科菲·安南、拉尔夫·邦切、马尔蒂·阿赫蒂萨里和贡纳尔·迈尔达尔）、两项活动（维持和平部队和政府间气候变化专门委员会）和五个实体（儿童基金会、劳工组织、原子能机构、禁化武组织和难民专员办事处两次）。

③ 除特别注明外，本评注中人员编制数据的截止日期为 2016 年 6 月 30 日。详细数据见大会文件《秘书处组成：工作人员人口统计》，秘书长报告，A/RES/71/360，2016 年 8 月 31 日。

④ 有 13 个相关实体：儿童基金会、开发计划署、难民专员办事处、人口基金、项目厅、贸易中心、养恤基金、近东救济工程处、训研所、公务员制度委员会、联合国大学、国际法院和联合国妇女署。

30 亿美元。[1] 预算外的资金可以补充经常预算拨款的不足，而且在大多数情况下会为资助技术援助和业务活动提供全部的支持。[2] 维和行动（目前有 16 项行动，112294 名军事和文职人员）则是通过单独的年度拨款（最近一次是 79 亿美元，从 2016 年 7 月到 2017 年 6 月）[3] 来获得资金的，其经费是经常预算的两倍多。

秘书处的职责范围遍及各个领域。根据政府间机构的授权，秘书处负责监督关于权利保护、预防冲突、人道主义援助和发展合作方面的分析、规范和业务活动。如此庞大的职权范围被嵌入一个复杂的组织结构中，该组织结构涵盖了 99 个坐落于世界各地的单位，其中包括 38 个部门和办事处（主要位于纽约、日内瓦、海牙、内罗毕和维也纳）；5 个区域委员会（位于亚的斯亚贝巴、曼谷、贝鲁特、日内瓦和圣地亚哥）；几大法庭[4]和 53 种外勤行动。大多数工作人员（约占 68%）承担着服务职能。在专业和服务领域，雇员的性别平衡会向男性倾斜，而男性也往往占据了大部分高级职位（约占 78%）。[5] 在秘书处当中，最大的部门是会议事务部（有 2567 名工作人员）；最小的办公室是体育促进发展与和平办公室，仅有三名工作人员。

秘书处工作人员（20145 名）有一半以上供职于外勤部门。这些部门的规模上至包括 3394 名工作人员的刚果民主共和国稳定特派团，下至仅有一名工作人员负责支援专家小组的外勤单位。总部会为外勤部门提供额外的支持，并为此设立了一个外勤支助部（有 438 名工作

---

① 两年期经费为：2014~2015 年 57 亿美元，2016~2017 年 56 亿美元，预计 2018~2019 年 55 亿美元。参见大会文件，"2018~2019 两年期方案概算，前言和导言"，A/RES/72/6（导言），2017 年 5 月 15 日。

② 在 2016~2017 两年期，秘书处要求预算外捐款达 215 亿美元。

③ 《联合国维和行动简报》，2017 年 6 月 30 日。有关最新情况说明，请参阅 http://peace-keeping.un.org/en/data-0。

④ 见第四章，ARUNA 2016/2017，亚历山大 K.A. 格里纳瓦特教授评论，"国际法院——司法看门人"。

⑤ "秘书处的组成：工作人员人口统计"，A/RES/71/360，同前引述。

人员）和一个独立的维和行动部（有 485 名工作人员）。在全部的创始部门中，安保部门（有 1820 名工作人员）的规模要大于其他所有政治、法律、经济和社会事务部门；地区委员会；人权、毒品和犯罪问题办公室；以及环境和栖息地项目。

联合国彰显了多边主义的理念。随着各政府间机构成员数目的增加和议程的扩大，其责任也在逐年增加。但遗憾的是，秘书处的支持能力却并没有跟上这一步伐。2010～2016 年秘书处的员工数量减少了 9%[1]，经费预算也越来越多地依赖预算外资金。旨在支持政府间机构的秘书处在外勤工作方面的配备也严重短缺。分叉的组织结构也阻遏了《2030 年可持续发展议程》所设想的综合性、变革性的应对举措。

三 2016～2017 年度的秘书处

新任秘书长打造了一个良好的开局。鉴于他的前任曾因任命不力受到批评[2]，新上任的古特雷斯借助一个更强调经验和性别平衡的透明遴选机制来任命有胜任能力的高级官员，对性别平衡的注重也有助于安抚大众希望女性担任组织领导的声音。古特雷斯具有将性别平等贯彻到底的决心：2017 年，他任命了 22 名女性和 25 名男性担任副秘书长和助理秘书长。[3] 这一措施使其比 8 位前任中的任何一位都值得肯定。

古特雷斯还试图通过解决 2016 年的负面新闻暴露出的问题来恢复

---

[1] 员工人数：44134 人（2010），43747 人（2011），42887 人（2012），41273 人（2013），41426 人（2014），41081 人（2015），40131 人（2016）。

[2] 2011 年 3 月 14 日，《卫报》社论《联合国：弱势领导人的需要》。

[3] 有关最新统计数据，参见《全球和平行动评论》，《数据与趋势》，2017 年 10 月 20 日，http://peaceoperationsreview.org/featureddata#gender。

人们对联合国的信任。① 为此他强化了维和行动中关于性剥削和性虐待的零容忍政策。他承认了外勤活动中存在一些管理不善的问题："从联合国工作人员和预算细则条例来看，有人可能认为其中的一些设计是阻止而不是保障我们的任务得以有效执行。如果我们需要 9 个月的时间才能将一名工作人员部署到相关地区，那么这对任何人都没有好处。"② 古特雷斯在上任的第一天就宣布了自己的这一决定。尽管在涉及高级部长职务和协调机制等方面的改革措施相对有限，但这些努力却可以成为改革承诺的象征。

在强调改革的同时，古特雷斯也提到了一个工作人员和各国共同关心的问题：在冲突和危机日益加剧、政治意愿减弱、预算受限以及对和平与安全、可持续发展和人权的期望不断增加的不确定时期，联合国需要做出与时俱进的选择。

目前，改革议程正在稳步推进，这或许是出于赢得主要政府，特别是美国政府的信任和支持的有意之举。2017 年 4 月，古特雷斯任命前巴西外交官玛丽亚·卢伊扎·里贝罗·维奥蒂（Maria Luiza Ribeiro Viotti）负责领导一个内部管理改革审查小组，以简化程序并改善执行情况。③ 他还在全球市政厅会议上会见了工作人员，这一会议也通过电话会议和网络电视公开播出。2017 年 5 ~ 7 月，古特雷斯同与会代表召开了集体研讨和务虚会，并受到了极大的欢迎。2017 年 9 月，美

---

① 新闻媒介广泛报道了维和人员的性虐待问题；例如，参见凯文·西夫（Kevin Sieff）："有时候，当我和孩子单独在一起的时候，我会想要杀了他。" "他让我想起了强奸我的男人"，《华盛顿邮报》2016 年 2 月 27 日，http://www.washingtonpost.com/sf/world/2016/02/27/peacekeepers/? utm_term =. 79796569d922。高级职员也公开批评官僚主义；参见安东尼·班伯里（Anthony Banbury），《我爱联合国，但它正在陨落》，《纽约时报》2016 年 3 月 20 日报道。

② 2016 年 12 月 12 日，联合国秘书长，"候任秘书长安东尼奥·古特雷斯在大会宣誓就职时的讲话"，https://www.un.org/sg/en/content/sg/speeches/2016 – 12 – 12/秘书长 secretary-general-designate-antonio-Guterres-oath-office-speech。

③ 参见 ARUNA 2016/2017 第 5. B 章，《联合国：秘书长关于本组织 2016/2017 年工作的报告》，《大会正式记录（补编第 1 号）》，A/RES/72/1，2017 年 7 月 28 日，第 132 段。

国总统特朗普主持了一场由世界各国领导人参加的活动以支持古特雷斯为改革所做出的努力，同时有 142 个成员国签署了支持宣言。① 尼基·哈利（Nikki Haley）大使缓解了对削减经费的担忧："我们有一个共同的让联合国更好的目标，我们向往的既非廉价也非昂贵，既非更小也非更大，而是一个更好的联合国。"②

改革战略的目标是在防微杜渐方面做出更有效的应对。这其中首先包括了政治机构、人道主义和维和活动从基于危机情况下被动反应的单一焦点战略向对潜在威胁采取更积极态度的转变。"与应对危机相比，防范危机不仅成本更低，也更有效"。③ 第二个要素则是将发展工作与人道主义行动和维和行动更紧密地结合起来，特别是在脆弱地区、贫困地区和冲突地区。"最好的预防措施是可持续和包容发展"。④ 第三个要素是与其他多边机构、区域机构和非政府组织建立伙伴关系，"推动有意义的变革措施的最终落地"。⑤

改革的总体目标是避免旷日持久的危机造成的"西西弗斯困境"，而这也是古特雷斯在联合国难民事务高级专员办事处任职期间经历过的一类挫折。人道主义危机的根源在于经济排斥和政治冲突，而政治冲突反过来又源于发展与和平进程的失败。有效的危机应对措施包括动员全球行动、在实地迅速提供紧急救济、保护弱势群体，以及通过可持续发展与和平使社会重新融合的长期行动。在此方面，联合国需要脚踏实地地在上游推进规范和分析工作，并在下游开展以维持和平与支持发展为目标的业务活动。

① 美国驻联合国使团，《支持联合国改革宣言》，2017 年 9 月 18 日，https://usun. state. gov/remarks/7980。

② 美国常驻联合国代表，《在有关"改革联合国：管理、安全与发展"的高级别会议上的发言》，2017 年 9 月 18 日，https://usun. state. gov/remarks/7977。

③ 参见 *ARUNA 2016/2017* 第 5. B. 1 章，同前引述，第 17 段。

④ 参见 *ARUNA 2016/2017* 第 5. B. 1 章，同前引述，第 18 段。

⑤ 参见 *ARUNA 2016/2017* 第 5. B. 1 章，同前引述，第 19 段。

　　联合国新任副秘书长阿米娜·穆罕默德（Amina J. Mohammed，尼日利亚前环境部长）成为改革发展战略的领导支柱。她之前曾监督制定可持续发展目标，因此非常有资格胜任这一领导职务。① 其第一份报告就冠以"我们人类最大胆的议程"这样夸张的标题，在许多方面它也确实名副其实。② 古特雷斯对报告的陈述使得原本已经"奄奄一息"的经社理事会的讨论变得活跃起来。③ 目前，常务副秘书长的职责已经逐渐"膨胀"为领导发展的"沙皇"，其中包括同时主持联合国发展集团和首脑指导委员会以加强人道主义和发展活动的一致性，以及监督经社部对业务活动的定期审查。预计经社部和各区域经济委员会将在政策指导方面进行合作，并在国家层面提供支助。2017 年取得的一项切实成果是制定了监测"2030 年议程"进展状况的指标，以及《2015～2030 年仙台减灾框架》。④

　　政治领域的改革议程目前正处于审查环节，但它很可能以 2015 年和平行动高级别独立小组（HIPPO）的工作为基础。该小组认为在实现持久和平方面要强调"政治的首要地位"，并建议将维和行动的"预防工作重新提上日程"。⑤ 古特雷斯十分赞同这一观点，并主张"为和平而进行外交努力"。⑥ "他已采取措施加强了该领域的问责制，并强化了与非洲联盟的协调性以及特别代表的任务"。⑦ 他建立了一个

---

① 见阿米娜·穆罕默德的 *ARUNA 2014/2015* 前言，《2030 年可持续发展议程：全球对更美好世界的承诺》，第 1–xi 至 1–xii 页。

② 联大/经社理事会文件，《重新定位联合国发展系统在"2030 年议程"上的作用：确保人人享有更美好的未来》，秘书长报告，a/72/124–E/2018/3，2017 年 7 月 11 日，http://undocs. org/en/A/72/124。

③ 参见第 3 章，《经济与社会理事会——可持续发展目标的核心平台》（*The Economic and Social Council-The Central Platform for The Sustainable Development Goals*）。

④ 参见 *ARUNA 2016/2017* 第 5. B. 1 章，同前引述，第 34～36 段。

⑤ 联大/安理会文件：《2015 年 6 月 17 日秘书长给大会主席和安理会主席的信——和平行动问题高级独立小组关于团结我们的和平力量的报告：政治、伙伴关系和人民》，A/RES/70/95–S/2015/446，2015 年 6 月 17 日。

⑥ 参见 *ARUNA 2016/2017* 第 5. B. 1 章，同前引述，第 59 段。

⑦ 新闻部的工作背景载于联合国政治事务部，http://www. un. org/undpa/en。

新的反恐办公室，并做出一项特别明智的决定，即任命塞特·施林（Josette Sheeran，前世界粮食计划署署长）为驻海地特使，以纠正2010年由维和人员造成的致命霍乱疫情的影响。遗憾的是，他本可以选择萨拉姆·法耶德（Salam Fayyad，巴勒斯坦前总理）作为支持利比亚和平使命的特使，但却遭到了美国的阻挠。此外，古特雷斯还亲自参加了2017年在日内瓦举行的塞浦路斯统一问题和谈。据报道，两党在一段时间内已经接近达成协议，所需要的只是最后的政治妥协——不过他的努力也并没有比2016年的潘基文更成功。由此可见，调解工作在很多时候是"说时容易，做时难"。

古特雷斯曾出任过国家元首，因此其对政府领导人的态度也十分恭敬。他撤回了西亚经济社会委员会（西亚经社会，ESCWA）的一份将以色列对巴勒斯坦人的统治描述为一个种族隔离政权的报告①，从而避免了与美国的过早对抗。该报告由学者理查德·福尔克（Richard Falk）和弗吉尼亚·蒂利（Virginia Tilley）共同撰写，它得出了一个合乎逻辑的结论，即如果不能以两国并存的方式来解决巴勒斯坦问题，那么任何一种在一个非世俗国家中容纳两个种族群体的方案都将会面临两难的困境。两位作者援引以色列前总理伊扎克·拉宾（Yitzhak Rabin）的话说："我认为，如果我们不想实行种族隔离，在一个犹太国家里就不可能长期遏制150万（甚至更多）阿拉伯人。"②作者基于法理分析提出了这一论点，然而，该报告因为无助于打开停滞不前的和平进程，因而在政治上具有一定的脆弱性。古特雷斯接受了西亚经社会执行秘书丽玛·哈拉夫（Rima Khalaf，约旦前副首相，

---

① 见西亚经济社会委员会文件，"以色列对巴勒斯坦人民的做法和种族隔离问题"，E/ESCWA/ECRI/2017/1，2017年3月15日，https://electronicintifada.net/sites/default/files/2017-03/un_id_report_15_march_english_final_.pdf。

② 理查德·福尔克和弗吉尼亚·蒂利，《致联合国大使Nikki Haley关于以色列种族隔离报告的公开信》，2017年4月25日，https://www.the-nation.com/article/open-letter-to-UN-Ambassador-Nikki-Haley-on-Our-Report-on-idin-Israel。

著名的联合国开发计划署阿拉伯人类发展报告创始人，阿拉伯国家联盟"2005 年国际组织领域最杰出的阿拉伯妇女"奖获得者）的辞呈。古特雷斯没有指责美国放弃了气候条约，尽管他一再重申，所有国家都有义务履行《巴黎协定》的承诺并以"越来越大的雄心来执行该条约。是时候摆脱自杀式排放了。科学是不容置疑的。"①

古特雷斯在外交上的机敏在处理儿童与武装冲突年度报告时受到了考验。2016 年，潘基文迫于压力，将沙特阿拉伯（及其盟国）从袭击也门儿童的集团名单中删除，理由是其威胁要削减联合国项目的资金。②新上任的儿童与武装冲突问题特别代表弗吉尼亚·甘巴（Virginia Gamba，一位经验丰富的阿根廷官员）在其撰写的 2017 年报告中称，"3/4 的袭击都是通过飞机进行的"，但报告并没有指明肇事者。③ 古特雷斯提交的最终报告涵盖了参与也门事务各方组织中的沙特联盟，该报告承认以沙特为首的联盟采取了保护性措施，但也表示："尽管如此，我仍需要敦促联盟改进其做法，因为尽管采取了这些措施，但严重侵犯儿童的行为在 2016 年仍然十分普遍，令人无法接受。"④（该报告的）语言是实事求是的，政府和公民社会对此感到满意。

古特雷斯并不缺乏主动性。《联合国宪章》授权秘书长可以针对某些事项提请安理会予以关注。⑤ 本着这种精神，在缅甸罗兴亚危机于 2017 年 8 月 25 日爆发后的一周内，古特雷斯向安理会发出了一份书面

---

① 见秘书长《向大会发言》，2017 年 9 月 19 日，https://gadebate. un. org/sites/default/files/gastatements/72/unsg_en_fr_es. pdf。

② 联大/安理会文件，《儿童与武装冲突》，秘书长报告，A/RES/70/836/Add. 1-s/2016/360. 1，2016 年 6 月 24 日。

③ 联大文件，《秘书长儿童与武装冲突问题特别代表的报告》，A/RES/72/276，2017 年 8 月 2 日，第 11 段。

④ 联大/安理会文件，《儿童与武装冲突》，秘书长报告，A/RES/72/361 – S/2017/821，2017 年 8 月 24 日，第 200 段。

⑤ 《联合国宪章》第 99 条规定："秘书长可提请安理会注意他认为可能威胁国际和平与安全的根本问题。"

请求，要求其采取行动。超过 40 万平民被迫逃离缅甸若开邦。古特雷斯呼吁昂山素季（Aung San Suu Kyi）和缅甸当局停止军事行动，允许人道主义援助进入，保证平民安全返回，并解决罗兴亚人的问题。① 尽管罗兴亚人的困境已经酝酿多年，但该委员会和联合国大会现在正着手处理此事。会员国是否会行使它们的集体责任来保护还有待观察。

人权事务高级专员扎伊德·拉阿德·侯赛因（Zeid Ra'ad Al Hussein）并不怯于在人权理事会批评各国政府。② 他谴责缅甸奉行"典型的种族清洗"政策③；指责菲律宾总统支持针对贩毒分子"格杀勿论"并造成大量法外处决的政策④；他暗示委内瑞拉可能犯下反人类罪⑤；呼吁安理会将叙利亚严重侵犯人权的案件提交国际刑事法院；以及呼吁对也门侵犯人权的行为进行调查⑥。他的办公室目前已经报告了数十个国家漠视人权的行为。侯赛因先生的高级专员任期将于 2018 年结束，尽管他的表现令人钦佩，但秘书长届时可能会迫于压力改任他人。

秘书长报告对秘书处的工作进行了概述。⑦ 此外，位于内罗毕总部的环境规划署和人居署的工作也值得一提。环境规划署在气候变化和可持续发展目标等几个与环境相关的目标方面表现得相当活跃。⑧ 而人居署则正在落实城市可持续发展目标的第 11 项目标，该目标在其

---

① 见秘书长《向大会发言》，2017 年 9 月 19 日，同前引述。

② 人权理事会第 36 届会议，2017 年 9 月 11 日，http://www.ohchr.org/en/newsevents/pages/displaynews.aspx？NewsID = 22041&LangID = E。

③ 人权理事会第 36 届会议，2017 年 9 月 11 日，http://www.ohchr.org/en/newsevents/pages/displaynews.aspx？NewsID = 22041&LangID = E，第 12 段。

④ 人权理事会第 36 届会议，2017 年 9 月 11 日，http://www.ohchr.org/en/newsevents/pages/displaynews.aspx？NewsID = 22041&LangID = E，第 21 段。

⑤ 人权理事会第 36 届会议，2017 年 9 月 11 日，http://www.ohchr.org/en/newsevents/pages/displaynews.aspx？NewsID = 22041&LangID = E，第 39 段。

⑥ 参见 ARUNA 2016/2017 第 5.B 章，《联合国人权事务高级专员年度报告》，A/HRC/34/3，2017 年 1 月 13 日。

⑦ 参见 ARUNA 2016/2017 第 5.B.1 章，同前引述。

⑧ 总部设在内罗毕的联合国环境规划署，在 2016 年有 1229 名工作人员和专业捐助方提供 4.32 亿美元的资金。参见环境署 2016 年、2017 年年报，http://web.unep.org/annualreport/2016/index.php。

第三届大会（基多，2016 年 10 月 17 ~ 20 日）通过的《新城市议程》中得到了详细阐述。①

另一项值得提及的活动是人道主义事务协调厅（OCHA）正在开展的一些"吃力不讨好"的任务，即请求提供更多的资源以应付越来越多的人道主义危机。2017 年全球曾呼吁为 36 个国家的 1.012 亿人提供 235 亿美元的紧急援助。② 但这些呼吁最终得到的却往往是疲惫的捐赠团体不温不火的回应，而需求和捐款之间的资金缺口在十年内显著扩大，从 2008 年的 10 亿美元缺口扩大到 2016 年的 90 亿美元。目前一项尚能发挥功用的机制源于由捐助者提供支持的中央应急基金（CERF），该组织曾在 2016 年向 12 个联合国实体拨款 4.39 亿美元，用于在 47 个国家间进行快速反应。③ 而古特雷斯也呼吁到 2018 年要将该基金扩大到 10 亿美元。

裁军方面的工作已经停滞了若干年。目前一大充满希望的新方向是将重点从核裁军扩大到化学和生物武器、常规武器和网络战技术。裁军事务厅（UNODA）及其区域中心正在跟进《常规武器贸易条约》（于 2014 年 12 月 24 日生效）。拉丁美洲区域中心为哥伦比亚交出武器提供了技术援助。④ 由捐助者赞助的"支持军备管制合作信托基金（UNSCAR）为相关的能力建设活动提供了资金"。⑤ 该基金还支持与禁止化学武器组织（OPCW）的合作。新任命的联合国发展援助团团长中满泉（Izumi Nakamitsu，开发计划署前危机应对助理署长）可能

---

① 总部设在内罗毕的联合国人居署有 376 名工作人员，在 2015 ~ 2016 两年期执行了 3.17 亿美元的捐助者资助项目。参见联合国人居署 2017 年全球活动报告，2017 年 5 月 3 日，https://unhabitat.org/global-activities-report-2017。

② 截至 2017 年 6 月 21 日以及飓风于 2017 年 9 月袭击加勒比海地区之前的 46 天，http://interactive.unocha.org/publication/globalhumanitarianoverview。

③ 见 CERF，2016 年度报告《联合国中央应急响应基金》，2017 年，http://www.unocha.org/cerf/publication。

④ 参见 *ARUNA 2016/2017* 第 5.B.1 章，同前引述，第 119 段。

⑤ 参见联合国裁军事务厅，《自愿捐款资助的方案 2015 ~ 2016》，2016 年 10 月，https://www.un.org/disarmament/publications/xb-report/volume-2015 ~ 2016。

会扩大急需的业务活动。

2017 年 7 月 7 日通过的《禁止核武器条约》是一项值得承认的小成就。在非政府组织的推动下，这项为期 10 年、涵盖 100 个国家的国际消除核武器运动获得通过，并于 2017 年获得诺贝尔和平奖。① 虽然该条约没有拥核国家签署，但它有望提升对核战争的道义压制。值得回顾的是，已经有 63 个国家加入了 1928 年的《凯洛格—布里安条约》（*Kellogg-Briand Pact*），宣布战争的非法性。从那以后的几十年里，尽管武装冲突和领土争端仍时有发生，但征服战争的数量已下降到接近于零。②

四 2016～2017 年度相关机构实体

秘书长的改革战略试图强化秘书处与其有关机构实体之间的联系，并促使其与主要的联合国旗下附属成员之间建立更密切的伙伴关系。这些关系是通过经社理事会与联合国大会的机构间合作以及政府间监督的方式来进行的。③

（一）首席执行官委员会

联合国主要的机构间协调机制是联合国系统行政首长协调委员会（CEB）。该委员会由 31 个组织的负责人构成，这些组织包括：联合国秘书处，12 个联合国项目、基金和实体④，15 个特别机构⑤，以及 3

---

① 参见国际消除核武器运动，http://www.icanw.org。
② 乌娜·海瑟薇（Oona Hathaway）和斯科特·夏皮罗（Scott Shapiro）《取缔战争？它真的起作用了》，《纽约时报》2017 年 9 月 2 日。
③ 见 *ARUNA 2016～2017* 第三章。
④ 包括贸发会议、开发计划署、环境规划署、人口基金、难民专员办事处、儿童基金会、毒品和犯罪问题办事处、项目事务厅、近东救济工程处、人居署、妇女署和粮食计划署。
⑤ 包括粮农组织、民航组织、农发基金、劳工组织、货币基金组织、国际海事组织、国际电联、教科文组织、工发组织、万国邮盟、联合国世界旅游组织、世界银行、知识产权组织、卫生组织和世界气象组织。

个其他国际组织。[①] 虽然不同的实体有不同的管理、资助和治理方式，但它们的活动都有共同的目标、捐助者和受益人。行政首长委员会在联合国发展系统的名义框架内协调这些活动。[②]

作为一种单一的制度，联合国各机构实体的影响是显著的。2015年，它们在全系统口径下的活动支出达 450 亿美元，占到了多边官方发展援助总额的 1/3。[③] 这些活动集中于以下优先领域：长期发展援助（35%）、人道主义援助（25%）、维持和平（20%）以及全球规范、标准、政策和倡导（20%）。在这其中，一半的业务活动是针对最不发达国家进行的。因此无论是在规模还是在重点领域方面，联合国都能够在促进和平与发展方面发挥主导作用。但目前的挑战则是要使这些实体作为一个联合国发展系统的整体一起协调工作。

历届秘书长都在努力实现"步调一致"的能力。[④] 行政首长委员会已经制订了部门联动方案并协调了业务惯例，但效果却十分有限。将资金指定用于单一实体项目的做法鼓励了机构的自治，而且活动之间还具有明显的重叠且缺乏整合。[⑤] 大多数机构实体（77%）都将减贫作为行动目标，但仅三个实体便占据了减贫支出的 3/4。不论受援国的规模或优先次序如何，典型的国家工作团队都会设有 18 个机构。[⑥] 而这就是多边主义的本质。

---

① 包括世界贸易组织、国际原子能机构和移徙组织。

② 参见 *ARUNA 2016/2017* 第 5. B 章，《2016 年联合国系统首席执行官协调委员会年度概览报告》，E/2017/55，2017 年 3 月 28 日。

③ 联大/经社理事会文件，《关于联合国系统发展业务活动四年期全面政策审查的大会第 67/226 号决议的执行情况：经费分析》，秘书长报告，A/RES/72/61 – E/2017/4，2016 年 12 月 28 日，第 4 段。

④ 联大文件，《2006 年 11 月 9 日联合国系统在发展、人道主义援助和环境领域协调一致问题高级小组共同主席给秘书长的信》，秘书长的说明，A/RES/61/583，2006 年 11 月 20 日。

⑤ 联大/经社理事会文件，《重新定位联合国发展系统，以实现"2030 年议程"，确保所有人有一个更美好的未来》，秘书长报告，同前引述，第 47～48 段。

⑥ 联大/经社理事会文件，《重新定位联合国发展系统，以实现"2030 年议程"，确保所有人有一个更美好的未来》，秘书长报告，同前引述，第 60 段。

然而，机构间合作是新秘书长改革战略的一大核心组成部分。其主要目标之一就是将全系统的活动重新引向《2030年可持续发展议程》。目前，一半以上的交付只面向17项可持续发展目标中的6项。[①]古特雷斯要求他的副秘书长担任联合国发展集团（UNDG）的主席，并领导全系统的反思。有关目标之一是将发展和人道主义活动结合起来，"更加强调预防，以解决不稳定、脆弱、排斥和冲突的根源"。[②]古特雷斯与世界银行行长金墉（Jim Yong Kim）联合开展了一项研究，以探讨可持续发展和包容性发展作为预防手段的重要性。[③] 古特雷斯还分派了任务，让秘书处人道主义事务协调厅与发展集团合作，从而规避了所谓的人道协调厅的非业务任务不包括它参加发展集团的传统观点。

秘书长还呼吁在国家级层面采取"新的工作方式"。目前，开发计划署（UNDP）驻地协调员负责监督全系统活动的执行情况。古特雷斯说道："我相信，目前的模式已经到达了极限，不足以实现新议程所要求的雄心、效力与信心。"[④] 但是，秘书处是否有资源和能力来接管开发计划署驻地协调员的职能仍然有待商榷。在拟定另一种体制和财政机制之前，新的办法与其说是可行的，不如说是充满希望的。

现实中更为实际的目标是要不断简化程序和合理化冗余的处事惯例。公共办公设施和综合服务中心据此"可能节省数亿美元"[⑤]。古特

① 联大/经社理事会文件，《重新定位联合国发展系统，以实现"2030年议程"，确保所有人有一个更美好的未来》，秘书长报告，同前引述，第30段。

② 联大/经社理事会文件，《重新定位联合国发展系统，以实现"2030年议程"，确保所有人有一个更美好的未来》，秘书长报告，同前引述，第7段。

③ 联合国和世界银行，《和平之路：防止暴力冲突的包容性方法》（华盛顿特区，世界银行出版社，2018年出版），主要信息和紧急政策方向可参阅 https://openknowledge.worldbank.org/handle/10986/28337。

④ 联大/经社理事会文件，《重新定位联合国发展系统以实现"2030年议程"——确保所有人有一个更美好的未来》，秘书长报告，同前引述，第12段。

⑤ 联大/经社理事会文件，《重新定位联合国发展系统以实现"2030年议程"——确保所有人有一个更美好的未来》，秘书长报告，同前引述，第59段。

雷斯任命秘书处主管管理事务的副秘书长扬·比格尔（Jan Beagle，前联合国 HIV/艾滋病联合方案副主任）担任行政首长委员会管理领域的主席。纵观古特雷斯在秘书处所担任的发展集团、管理委员会和行政首长协调会主席等一系列职务，显然他是有意图要领导今后的机构间合作。

（二）儿童基金会

联合国儿童基金会（UNICEF）是成立时间最长也是最大的业务实体。联合国儿童基金会成立于 1946 年，截至 2016 年它在 192 个国家拥有 12759 名工作人员，用于人道主义与发展活动的资金总额高达51 亿美元[①]，是名副其实的联合国主要机构。

该机构在国际合作方面的亮点之一是改善了全球范围内的儿童状况。[②] 过去几十年，婴儿死亡率和营养不良率急剧下降。入学率在不断上升，艾滋病病毒的感染率也在下降。尽管每年仍有 600 万儿童在5 岁以前死亡，但这些死亡在很大程度上可通过免疫、疫苗、简单的母亲护理和基本的营养支持加以预防。联合国儿童基金会计划通过与全球疫苗和免疫联盟、疫苗联盟（前身为全球疫苗和免疫联盟）以及联合国系统内外的其他伙伴合作，以低成本产生具有较大影响的成果。联合国儿童基金会报告称，2014～2016 年该战略计划的里程碑目标已经实现了 89%。[③]

目前，机构所面临的更大挑战是紧急状况的应对。2016 年，1/3的救援物资用于援助 108 个国家的 344 个人道主义地点。[④] 处于危机状

---

① 《联合国儿童基金会执行主任 2016 年年度报告》第五章：执行情况和成果，包括关于四年度全面政策审查执行情况的报告，E/ICEF/2017/6，2017 年 4 月 12 日，第 25 页。

② 联合国儿童基金会，《2016 年世界儿童状况：每个儿童的公平机会》，2016 年 6 月，http://www.unicef.org/publications/index_91711_html。

③ 参见 ARUNA 2016/2017 第 5.B.3 章，同前引述，第 19 段。

④ 参见 ARUNA 2016/2017 第 5.B.3 章，同前引述，第 65 段。

态的儿童——2016 年约有 5.35 亿人——需要救援物资（如口服补液盐）和水、卫生和卫生服务（清洗）、基础教育和防止暴力。[①] 2017 年的人道主义需求估计为 33 亿美元，用于向 48 个国家提供援助，治疗 300 万儿童的急性营养不良，为 800 万人接种麻疹疫苗，向 900 万人提供基础教育，以及向 200 万人提供社会心理帮助。[②] 其中主要的优先事项是儿童生存和保护以及儿童早期发展。

儿童基金会是为了紧急状况应对而设立的，即使政府逃避了本属于它们的责任。它有义务帮助在冲突和灾难局势中流离失所的儿童。但是许多旷日持久的危机分散了在这方面投入的努力和资金，限制了《2030 年可持续发展议程》中最具体、最可行的目标——儿童福利——取得更大进展。

（三）开发计划署

联合国开发计划署（UNDP）是在国家层面同受援国政府进行对话的主要机构。开发计划署在所有区域有 7289 名工作人员，包括发展中国家和经济转型期国家。开发计划署管理整个驻地协调员和国家工作队的全球网络，并将筹资和机构活动同联合国发展援助框架内的国家优先事项联系起来。在全球层面，开发计划署领导行政首长委员会发展小组。

然而，开发计划署作为联合国发展系统的主要驱动力的作用正在消失，其中的一个主要问题来源于资金。[③] 2014～2016 年，联合国开发计划署的定期资源减少了 18%，目前主要是承担财政协调和管理职

---

① 联合国儿童基金会，《逃难：难民和移徙儿童日益严重的危机》，2016 年 9 月，http://www.unicef.org/publications/index_92710.html。

② 联合国儿童基金会，《2017 年儿童人道主义行动》，2017 年 1 月，https://www.unicef.org/publications/files/HAC_2017_Overview_ENG.pdf。

③ 参见 *ARUNA 2016/2017* 第 5.B 章，《联合国开发计划署：2016 年战略计划和署长年度报告的累积审议》，DP/2017/15，2017 年 4 月 26 日，第 45～49 段。

能，而用于发展活动的定期资源所剩无几，且这些资源大部分（89%）是由其他捐助者和当地资源提供的。开发计划署从政府分摊费用捐款中得到的资金比从定期资源中得到的资金更多。总体而言，2014～2016 年项目总支出下降 8%，2016 年发展活动支出不足 40 亿美元。[①]与之相应，开发计划署已通过削减总部人员改组为一个精简的组织（工作人员减少 20%）。

总部任何领导职位的出缺都将由秘书处填补。古特雷斯要求他的副秘书长阿米娜·穆罕默德接管发展集团的领导权。他还呼吁在外地采取“新的工作方式”，设想将驻地协调员职能和联合国国别工作队的工作与开发计划署国别代表的工作分开。此后，联合国发展集团为联合国发展援助框架发布了新的指导方针。[②]

开发计划署新任署长阿齐姆·施泰纳（Achim Steiner，前环境规划署署长）可能会继续执行改革进程，将开发计划署重新定位为以外勤为基础的可持续发展的倡导者，工作人员将从机构支助职责转移到针对民间社会伙伴和地方政府的积极工作。总而言之，开发计划署应当做出改变。

（四）项目事务厅

联合国项目事务厅（UNOPS）是秘书处和其他实体业务活动的后勤中心。他们购买的商品与服务在 2016 年达到 180 亿美元规模。[③] 这种采购需要快速、高效、遍布全球的和可持续的来源。项目厅就是这样一个服务提供者，帮助其他实体购买物品、雇用承包商和项目人员，

① 联合国开发计划署，“我们的项目”，http://open.undp.org/#2016。

② 联合国发展集团，《联合国发展援助框架指导》，2017 年 5 月 1 日，https://undg.org/document/2017-undaf-guidance。

③ 有关采购趋势的全球分析，请参阅联合国项目事务厅，“2016 年联合国采购年度统计报告”，2017 年，https://www.unops.org/SiteCollectionDocuments/ASR/2016_ASR.pdf。

并在预算范围内及时管理项目的执行情况。项目事务厅的业务会向客户收取服务费用，并从赚取的收入中支付其成本。

项目事务厅于1995年成立，是联合国较小的实体之一，有917名工作人员驻哥本哈根，35个国别办事处。2016年提供服务达14亿美元，盈余3100万美元。[①] 该服务的提供强调当地供应商的能力建设、培训和采购。在活动产生二氧化碳的地方，排放量在清洁发展机制（Clean Development Mechanism）下被抵消，从而确保了气候的中立性。[②] 管理体系的质量通过ISO9001认证。2016年项目厅的整体表现获得英国特许采购与供应学会（Chartered Institute of Procurement and Supply）最高金奖。[③]

项目厅的活动范围广泛，主要活动领域包括：健康（占比47%）、维和（占比25%）和紧急救济（占比19%）。[④] 主要服务项目有：采购（占比36%）、财务管理（占比22%）、项目及人力资源管理（占比22%）、基础设施（占比18%）。基础设施项目涵盖了90座桥梁、3000公里公路、278家诊所、74家医院、50所学校、41个警察局和其他设施的设计、建设或修复。其中一项重要的维和行动是支助18个国家清除地雷。

项目厅还有一长串客户名单。它们包括秘书处（维和行动、粮食和农业协调厅）、其他实体（开发计划署、儿童基金会、难民专员办事处、环境规划署、人居署、毒品和犯罪问题办公室和近东救济工程处）以及其他组织（粮农组织、劳工组织、卫生组织、移徙组织、禁

---

① 参见 *ARUNA 2016/2017* 第5.B章，《联合国项目事务厅：执行主任年度报告》，DP/OPS/2017/2，2017年4月4日，第88段。

② 参见 *ARUNA 2016/2017* 第5.B章，《联合国项目事务厅：执行主任年度报告》，DP/OPS/2017/2，2017年4月4日，第9段。

③ 参见 *ARUNA 2016/2017* 第5.B章，《联合国项目事务厅：执行主任年度报告》，DP/OPS/2017/2，2017年4月4日，第70段。

④ 联合国项目事务厅，http://data.unops.org。

化武组织和世界银行）。其中一半以上（占比 57%）是为联合国系统以外的客户设置的，包括欧盟和捐助国政府（美国、英国、日本、加拿大、意大利、挪威、瑞典和其他国家），以及东道国政府（洪都拉斯、埃塞俄比亚、秘鲁、乌拉圭、墨西哥和其他国家）。

项目厅已承诺支持每一个可持续发展目标。它正在优先考虑社会影响投资，并通过"参与"在互联网平台上为加沙建造住房的众筹来调动资源。① 联合国项目事务厅具备了开发计划署所没有的精简、灵活和创新性。

（五）人口基金

联合国人口基金就人口统计事项提供援助。当今世界人口超过 75 亿②，到 2030 年将再增加 10 亿。③ 由于净增的新移民主要处于脆弱贫困的境地，"2030 年议程""不让任何一个人掉队"的承诺每年都变得越来越具有挑战性——到 2030 年，这一难度将增加 15%。经济增长必须超过人口增长才能提高生活水平，这一简单的逻辑是国家发展规划的基石，而计划生育的政策规定也是国际发展援助的长期任务。然而，这项任务正受到威胁。

美国作为联合国的创始成员国和主要捐助国，于 2017 年 4 月宣布不再为人口基金提供资金。④ 美国国务院声称计划生育援助（在中国）会导致强制流产和绝育——当然这既不新鲜，也不真实：人口基金否认曾经支持或参与过非自愿避孕。不过这一决定可能仍会继续下去。虽然比利时和其他捐助国已承诺弥补损失，但人口基金也正在紧缩开支。

---

① 联合国项目事务厅，"Engage"，https://engagement e. unops. org。
② 如果你想了解更多，请访问 http://www. worldometers，信息/世界人口。
③ 联合国经济及社会事务部，《2017 年世界人口展望》，ESA/P/WP/248，2017，表 1，https://esa. un. org/unpd/wpp/。
④ BBC 新闻，2017 年 4 月 4 日，http://www. bbc. com/news/world-us-canada-39487617。

人口基金在 2016 年获得的资金为 8.42 亿美元，比 2015 年的 9.72 亿美元减少了 13%。[①] 美国的退出意味着它将损失 6300 万美元，使这一资金进一步下降 7%。人口基金有 2638 名工作人员和 120 个国家办事处。由于经费减少，人口基金冻结了纽约总部 76 个编制，并正在减少机构开支和全球及区域性活动。[②] 国家项目的总资源份额将提高到 80%，以保障目前的执行水平；额外收入将分配给业务项目。这无疑会导致用于紧急情况和人道主义活动的经费出现短缺。一个积极的趋势是来自私营部门的伙伴关系和资金在不断增加，其中资金增加了 24%，达到 1300 万美元。古特雷斯于 2017 年 6 月晋升联合国人口基金副主任纳塔利娅·卡内姆（Natalia Kanem，一名称职的巴拿马人），在其上司巴巴通德·奥索泰辛（Babatunde Osotimehin）突然去世后来接替其职位。纳塔利娅·卡内姆在引起分歧的问题上直言不讳，她说："实现普惠性的性健康和生殖健康以及保护生殖健康权利的这一核心目标正在受到威胁。不过幸运的是，在许多地方，这种阻力也导致了新的承诺责任和行动。"[③]

人口基金的业务重点（占总支出的 62%）是生殖保健服务，特别是计划生育和产妇保健。[④] 其他卫生服务则用以解决针对妇女和女童的暴力及有害行为。[⑤] 2016 年，人口基金为 2300 万青少年提供了避孕

[①] 参见 ARUNA 2016/2017 第 5.B 章，《联合国人口基金：实施人口基金战略计划的进展》，执行主任 2016 年报告，DP/FPA/2017/4（第一部分），2017 年 4 月 17 日，第 85 段。

[②] 参见 ARUNA 2016/2017 第 5.B 章，《联合国人口基金：实施人口基金战略计划的进展》，执行主任 2016 年报告，DP/FPA/2017/4（第一部分），2017 年 4 月 17 日，第 14 段。

[③] 纳塔利娅·卡内姆，《人口基金代理执行主任的声明》，联合国开发计划署、联合国人口基金和联合国项目事务厅执行局，2017 年 6 月 5 日，年会，http://sc.unmeetings.org/media2/14685123/natalia-kamen-aed-unfpa.pdf。

[④] 联合国人口基金，《2016 年年度报告：千百万生命的改变》，2017 年 6 月 1 日，http://www.unfpa.org/annual-report。

[⑤] 联合国人口基金—联合国儿童基金会关于女性生殖器切割的联合方案，《2016 年年度报告：加速变化：按数字计算，2017 年 7 月》，http://www.unfpa.org/publications/accelerating-change-numbers。

药具及性健康与生殖卫生服务，避免了约 1170 万例的意外怀孕。其中大约一半的活动都位于非洲。人道主义援助涉及 27 个国家的产科急诊和母婴保健诊所。

人口基金的宗旨是：要建立一个世界，在这个世界上每一次怀孕都是自愿的，每一次分娩都是安全的，每个年轻人的潜力都能得到发挥。关于后者提及的年轻人的潜力，《2016 年世界人口状况报告》亦有强调。该报告估计，对一个 10 岁女孩的健康进行少量投资，可能会使她的终生收入增加两倍。[①]

（六）联合国妇女署

联合国妇女署（UN-Women）虽是最新成立的机构，但处理的问题却是最古老的。妇女的平等权利和地位是《联合国宪章》和历届公约规定的责任要求，但迄今为止，没有一个国家真正履行实现性别平等的承诺。[②] 联合国妇女署成立于 2010 年，旨在加快这一长期任务的进程。这项任务的规范性和可操作性恰如其名：联合国促进性别平等和赋予妇女权力机构。

联合国妇女署聚拢了此前秘书处所承担的分散性职能。其中包括支持政府间机构，特别是妇女地位委员会和消除对妇女歧视委员会。联合国妇女基金还纳入了前研究所（INSTRAW，提高妇女地位研究所）的分析能力以及此前已经存在的信托基金（UNIFEM，联合国妇女发展基金）的业务活动。[③] 合并后的机构由一个专门的执行委员会管理。联合

[①] 联合国人口基金，《2016 年世界人口状况报告》，2016 年 12 月，https://www.unfpa.org/sites/default/files/sowp/downloads/The_State_of_World_Population_2016_English.pdf。

[②] 根据世界经济论坛 2016 年全球性别差距指数，没有一个国家达到完全平等。世界经济论坛网站，"排名"，http://reports.weforum.org/global-gender-gap-report-2016/rankings。

[③] 参见 ARUNA 2016/2017 第 5.B 章，《联合国妇女署 2016～2017 年文件》第 11 页，《联合国妇女署：副秘书长/执行主任关于 2014～2017 年战略计划执行情况的年度报告》，UNW/2017/2，2017 年 5 月 29 日。

国妇女署有 881 名工作人员，现任负责人是副秘书长普姆齐莱·姆兰博－恩格库卡（Phumzile Mlambo-Ngcuka，前国会议员和南非副总统）。

2016 年，联合国妇女署开展了总支出为 2.54 亿美元的活动（比 2015 年增加 13%），其中 74% 的活动在 107 个国家（包括 31 个最不发达国家）进行。^① 区域分布主要为：非洲（36%）、亚洲和太平洋（24%）、阿拉伯国家（19%）、美洲和加勒比（13%）、中亚和欧洲（8%）。联合国妇女署帮助 61 个国家以法律武器维护妇女权利，并帮助 24 个国家完善了制止对妇女暴力行为的法律。人道主义活动援助了超过 12.5 万名妇女和女童。倡议活动的目标是将性别平等问题纳入议会的主流，并培训 4000 名妇女参与竞选。赋能活动包括资助巴勒斯坦境内妇女拥有的企业。^② 联合国妇女署与该领域的其他机构合作，作为行政首长协调会的积极成员，它与联合国人权高专办共同制定了一个关于平等和不歧视的机构间行动框架。^③

2016 年，联合国妇女署获得了 3.27 亿美元的自愿捐助经费。尽管经费总额并不丰厚，但捐助者的数量却十分可观。共有来自 108 个国家和 50 多个基金会及私营部门的捐助者参与了这一捐助。^④ 因此，联合国妇女署可以理直气壮地宣称自己是"得到最广泛支持的联合国实体之一"。^⑤

（七）难民事务高级专员办事处

设立于 1950 年的联合国难民事务高级专员办事处主要负责保护和

---

① 参见 *ARUNA 2016/2017* 第 5.B 章，《联合国妇女署 2016～2017 年文件》第 11 页，《联合国妇女署：副秘书长/执行主任关于 2014～2017 年战略计划执行情况的年度报告》，UNW/2017/2，2017 年 5 月 29 日，第 8 段和第 60 段。

② 关于这些活动和其他活动的详情，请参看同上文献第二节。

③ 参见 *ARUNA 2016/2017* 第 5.B.2 章，同前引述，第 12 段。

④ 关于投稿者的列表，请参阅《联合国妇女署 2016～2017 年度报告》，2017，http://annual-report.unwomen.org/en/2017。

⑤ 参见 *ARUNA 2016/2017* 第 5.B 章，同前引述，第 110 段。

重新安置第二次世界大战中流离失所的人。这项任务也已经如期完成，并于 1954 年获得诺贝尔和平奖。然而，联合国目前尚未完全履行其"将后世从战祸中拯救出来"的承诺①，随后发生的许多危机意味着越来越多的人亟待逃离迫害和暴力，这项任务也因此变得愈发复杂而冗长。2003 年，联合国大会延长了联合国难民事务高级专员办事处的任务期限"直到难民问题得到解决"②，并在 2015 年将其职责范围进一步扩大，资助对象不仅包括难民和寻求庇护者，还包括国内流离失所者和无国籍人士。2016 年，联合国难民署承担的另一项任务是发挥领导作用，与其他联合国实体协调，制定全面的难民应对框架（CRRF）。

2017 年初，联合国难民署承担的任务覆盖了 6770 万人。③ 在过去五年中，这个数字翻了一番④，主要类别包括：难民和寻求庇护者（2000 万人）、国内流离失所者（4030 万人）和无国籍者（保守估计为 320 万人）⑤，而且这一数量还正在增加。仅在一个月内（2017 年 8 月 25 日~9 月 21 日），就有超过 42 万人逃离了缅甸的暴力。⑥ 在 2017 年的前 9 个月，超过 200 万人逃离了世界各地的迫害和暴力。⑦

---

① 《联合国宪章》，1945 年 6 月 26 日，序言第 16 章 1 节，http://www.un.org/en/sections/un-charter。

② 联大第 98 号决议，《执行联合国难民事务高级专员办事处为加强其执行任务的能力而提出的行动》，A/RES/58/153，2003 年 12 月 22 日，第 9 段。

③ 按类别和国家分类的细目参见 ARUNA 2016/2017 第 5.B 章，《联合国难民事务高级专员关于 2016 年 7 月 1 日~2017 年 6 月 30 日的报告》（补编第 12 号），A/RES/72/12，2017 年 8 月 15 日，表 1。

④ 参见联合国难民事务高级专员办事处，《全球焦点，联合国难民事务高级专员办事处全球行动》，http://reporting.orgcr.org/population。

⑤ 这些数字不包括近东救济工程处单独登记的 530 万名巴勒斯坦难民，这些难民不属于难民专员办事处的任务。

⑥ 蒂姆·盖纳，《罗兴亚难民和当地人帮助有需要的新移民》，联合国难民事务高级专员公署新闻，2017 年 9 月 21 日。

⑦ 菲利波·格兰迪，《高级专员方案执行委员会第 68 届会议开幕词》，难民专员办事处，2017 年 10 月 2 日，http://www.unhcr.org/admin/hcspeeches/59d1f3b77/opening-statement-68th-session-executive-committee-high-commissioners-programme.html。

难民署的总部位于日内瓦，共计在 128 个国家开展工作。① 在其所拥有的 10325 名工作人员（87%）中，大多数人工作在第一线，并与其他实体和非政府组织合作，在 470 个地点提供法律保护、应急响应和社区服务。保护措施包括与东道国合作，维护边界开放，监测拘留中心，登记个别案件，保护易受伤害的人口，特别是儿童、妇女、残疾人和可能陷入性别暴力威胁的人。② 紧急状况应对则包括从非洲饥荒救济到欧洲寒冬救济。社区服务包括与东道国政府合作以谋求长期支持，例如介入国家卫生和教育系统、工作许可和银行账户。联合国难民事务高级专员办事处也有促进融入社会、自愿遣返和在其他国家重新安置的项目。③ 2016 年，约有 55.2 万人返国，主要集中在阿富汗、索马里等国家。④

联合国难民署是少数几个在 2016 年获得更多资源的实体之一。得益于 39 亿美元的自愿捐助，其所获得的资源总额达到了 44 亿美元，较之 2015 年增加了 16%。⑤ 这主要得力于 39 亿美元的自愿捐款。但是与 75 亿美元的预算需求相比仍存在很大的资金缺口。不过，2016 年实地交付增加了 21%，达到 34 亿美元，按地区分列主要为：非洲（35%）、中东和北非（38%）、亚洲（11%）、欧洲（12%）和美洲（2%）。所有区域在满足需求方面都存在不足，但差距最大的是非洲遭受饥荒的地区。1/3 的资金通过 955 个合作伙伴支付，其中就包括

---

① 联合国难民事务高级专员办事处，《全球重点，难民专员办事处全球行动》，http://reporting. unhcr. org/operations。

② 参见《联合国难民事务高级专员 2016 年全球报告》，2017 年 6 月，http://reporting. orgcr. org/sites/default/files/gr2016/pdf/book_gr_2016_english_complete. pdf。

③ 有关各种保护、紧急情况和社区活动的详细情况，参见 *ARUNA 2016/2017* 第 5. B. 8 章，同前引述。

④ 有关各种保护、紧急情况和社区活动的详细情况，参见 *ARUNA 2016/2017* 第 5. B. 8 章，同前引述，第 39 段。

⑤ 有关各种保护、紧急情况和社区活动的详细情况，参见 *ARUNA 2016/2017* 第 5. B. 8 章，同前引述，第 54 段。

771 个非政府组织。

联合国难民事务高级专员公署将 2017 年南森难民奖授予了尼日利亚教师扎纳·穆斯塔法（Zannah Mustapha），以表彰他与博科圣地（Boko Haram）就释放 100 名被绑架的奇布克女学生所做的斡旋努力。[1]

（八）近东巴勒斯坦难民救济工作处

成立于 1949 年的联合国近东巴勒斯坦难民救济和工程处（UNRWA）旨在保护和援助 1948 年第一次阿以战争中流离失所的人民。初期共有 75 万难民，而现在这个数字则是 534 万人。[2] 他们分散在约旦（217 万人）、黎巴嫩（45 万人）、叙利亚（危机前为 56 万人）、约旦河西岸（81 万人）和加沙地带（135 万人）的营地和周围地区。

近东救济工作处有 155 名国际工作人员和大约 31000 名本土工作人员。他们和他们所支持的人一样分散在各地：工作处的负责人皮埃尔·克拉亨布尔（Pierre Krahenbuhl）扎根于耶路撒冷；副主任桑德拉·米切尔（Sandra Mitchell）驻扎安曼；业务人员和当地工作人员则分布于设在安曼、贝鲁特、大马士革、加沙城和东耶路撒冷巴勒斯坦领土的五个地区办事处。许多当地人员本身就是难民，受雇来协助其他难民。实际上，近东救济工作处是事实上的"国民政府"，由联合国统筹，但由巴勒斯坦难民管理并为其服务。

近东救济工程处的资金主要来自自愿捐款，2016 年认捐额为 12.4 亿美元。零增长业务预算为 6.69 亿美元，但实际开支达到 13.6 亿美元，是原有预算额的两倍，造成这一结果的部分原因来自以色列的烦

---

[1]　参见 http://www.unhcr.org/current-winner.html。

[2]　有资格获得近东救济工程处援助的 110 名巴勒斯坦难民是"在 1946 年 6 月 1 日~1948 年 5 月 15 日正常居住地点为巴勒斯坦的人，他们在 1948 年冲突中失去了家园和生计"，其中包括男性系的后代。参见 *ARUNA 2016/2017* 第 5.B 章，《联合国近东巴勒斯坦难民救济和工程处主任专员报告》，2016 年 1 月 1 日~12 月 31 日《大会正式记录（补编第 13 号）》，A/RES/72/13，2017，第 86 段。

琐要求，约旦对税款、随意征收关税和其他费用补偿的拖欠，在黎巴嫩的没收以及在叙利亚蒙受的物产损失等方面的拖累。①

近东救济工作处的大部分支出（占比86%）被用于教育（37%）、卫生（11%）、基础设施（6%）、紧急救济和社会服务（32%）。② 在教育方面，已经有515260名学生入学；在健康方面，有900万患者接受了治疗；在基础设施方面，包括加沙避难所和黎巴嫩难民营进行了重建；在紧急救援方面，包括向叙利亚和加沙的难民提供现金援助。③在环境困难和资金有限的情况下，这些都是切实有效的成果，但巴勒斯坦人民的情况仍然十分严峻，即便是历经两代难民的延续，也依然难以看到改善的前景。

（九）世界粮食计划署

世界粮食计划署（WFP）为人道主义状况提供紧急粮食援助。作为联合国和国际粮农组织的合作计划之一，世界粮食计划署于1961年正式成立。该机构总部设在罗马，有3058名国际工作人员和12231名当地招聘工作人员，并在82个国家开展业务活动。④ 世界粮食计划署的资金完全来自自愿捐款，2016年总计获得58亿美元。世界粮食计划署与其他机构、维和团体和1000多个非政府组织进行积极合作，它有着强调"物有所值"的企业文化，并自诩建立了有效的供应链以对

---

① 参见 *ARUNA 2016/2017* 第5.B章，《联合国近东巴勒斯坦难民救济和工程处主任专员报告》，2016年1月1日～12月31日《大会正式记录（补编第13号）》，A/RES/72/13，2017，第33～61段。

② 参见 *ARUNA 2016/2017* 第5.B章，《联合国近东巴勒斯坦难民救济和工程处主任专员报告》，2016年1月1日～12月31日《大会正式记录（补编第13号）》，A/RES/72/13，2017，表1和表2。

③ 有关这些和其他成果的详细信息，请参阅联合国近东巴勒斯坦难民救济和工程处，《2017年数据中的联合国难民救济和工程处》，2017年7月11日，https://www.unrwa.org/resources/ab-unrwa/unrwa-figures-2017。

④ 参见 *ARUNA 2016/2017* 第5.B章，《世界粮食计划署2016～2017年度工作报告》，E/2017/14，2017年6月22日，附件五。

饥饿做出应急反应。①

目前正是粮食计划署应该采取紧急行动的时刻。2016 年全球饥饿影响了 8.15 亿人②，但最令人不安的是潜在的发展趋势，饥饿人口在之前已经下降了十多年，但自 2014 年以来一直在保持上升，并可能出现进一步上升。在 2017 年 3 月，人道主义事务协调厅警告说，也门、南苏丹、索马里和尼日利亚有 2000 多万人面临饥荒。③ 人们纷纷逃往邻国，肯尼亚的难民营人满为患，食品供应短缺。2017 年 9 月，罗兴亚人绝望地逃往孟加拉国的难民营。这些危机中有许多是人为造成的，需要人道主义予以应对。

在 2016～2017 年度，世界粮食计划署对 22 个国家的紧急情况做出了反应，部署了 5000 名人员，处理了 12 次紧急（3 级和 2 级）危机。④ 2016 年，世界粮食计划署每天发放 130 亿份口粮，比前一年增加了 10 亿份，但由于覆盖面太广，口粮的规模有所缩减。递送方式主要是用卡车购买、运输和分发，在某些情况下甚至还包括空投，每一份口粮的花费约为 0.31 美元。粮食计划署还通过商品代金券和利用手机转账以及电子购物卡（CBTs）等支付方式，向 1400 万受益者分发了 8.8 亿美元，以便其在当地市场购买粮食，目前共有 8220 万人收到现金或食物，其中包括 2400 万名男孩、2500 万名女孩和 1800 万名女性。⑤

世界粮食计划署致力于落实《2030 年可持续发展议程》，特别是

---

① 参见 ARUNA 2016/2017 第 5.B 章，《世界粮食计划署 2016～2017 年度工作报告》，E/2017/14，2017 年 6 月 22 日，见第三部分。

② 见粮农组织、农发基金、联合国儿童基金会、世界粮食计划署和世界卫生组织，《2017 年世界粮食安全和营养状况：构建和平与粮食安全的恢复力》，粮农组织，2017，第 2 页，https://www.wfp.org/content/2017-state-food-security-and-nutrition-world-sofi-report。

③ 《联合国：面临自 1945 年以来最大的人道主义危机的世界》，BBC 新闻，2017 年 3 月 11 日，http://www.bbc.com/news/world-africa-39238808。

④ 参见 ARUNA 2016/2017 第 5.B 章，同前引述，图 3。

⑤ 《世界粮食计划署 2016 年回顾》，2017，https://www.wfp.org/content/wfp-year-review-2016。

可持续发展目标 2，即消除饥饿、实现粮食安全、改善营养和促进可持续农业。世界粮食计划署在战略计划（2017～2021）中设想了一种双轨制方法：既解决紧急情况，又为长期根除饥饿问题奠定基础。[①]这是目前的一种计划，但目前的紧急态势显然需要更多的关注不容忽视。

五　总结

联合国在 2016～2017 年面临威胁，新任秘书长一直在回避这些威胁，以支持他的改革议程。古特雷斯的首要管理任务是消除维和部队的性侵犯行为。他在任期开始前就任命了三名有能力的女性担任高级职位，随后几个月又任命了 20 多名女性。他还在上任第一天就发出指令，要求精简官僚机构并加强本组织内部的问责制。他出人意料地获得了美国新政府的支持。尽管这可能不会持续太久，但确实也是一个良好的开端。

改革没有蓝图，相反，改革是一个与时俱进的过程。"联合国的未来将取决于它是否愿意改变和适应，"古特雷斯在提交其候选资格的愿景声明中说，"改革不是一次性的行动，它是一种永久的，旨在促使联合国减少官僚作风，变得更富效率和生产力，并确立以实地调查为本的永久态度。"[②]

要使联合国工作向实地调查为本转变，就需要对原先旨在支持全球政府间决策的秘书处进行重大改革。潘基文在引入"变革管理"和人员流动、鼓励实体"齐心协力"（work as one）以及通过乌莫加项目

---

① 参见 *ARUNA 2016/2017* 第 5. B 章，同前引述，第 8 页。

② 安东尼奥·古特雷斯，《联合国面临的挑战和机遇》，2016 年 4 月 4 日，http://www.un.org/pga/70/wp-content/uploads/sites/10/2016/01/4-April_Secretary-General-Election-Vision-Statement_Portugal-4-April-20161.pdf。

（Umoja）推动现代技术应用的努力并不成功。[①] 然而，古特雷斯将坚持这一方向，风格不同但目标相似。维持和平和人道主义与发展任务所面临的新现实需要有效的执行和具体的成果，这反过来又需要总部与外勤、实体和其他伙伴之间建立起更一体化的组织单位和更合作的工作方式。要施行一种新的工作方式总是很困难，但要保持与时俱进显然势在必行。

---

① 详见 Umoja，"欢迎来到 Umoja"，https://umoja.un.org。

图书在版编目（CIP）数据

联合国事务年度评论. 2016－2017／（美）乔基姆·
穆勒，（美）卡尔·P.沙旺编；蒋殿春等译. －－ 北京：
社会科学文献出版社，2020.4
书名原文：Annual Review of United Nations
Affairs，2016/2017
ISBN 978－7－5201－6316－3

Ⅰ.①联… Ⅱ.①乔…②卡…③蒋… Ⅲ.①联合国
－工作－2016－2017－文集 Ⅳ.①D813.2－53

中国版本图书馆 CIP 数据核字（2020）第 035764 号

联合国事务年度评论：2016～2017

编 者／〔美〕乔基姆·穆勒（Joachim Müller）
　　　　　〔美〕卡尔·P.沙旺（Karl P. Sauvant）
译 者／蒋殿春 严 兵 等

出 版 人／谢寿光
组稿编辑／恽 薇
责任编辑／刘琳琳

出 版／社会科学文献出版社·经济与管理分社（010）59367226
　　　　　地址：北京市北三环中路甲 29 号院华龙大厦 邮编：100029
　　　　　网址：www. ssap. com. cn
发 行／市场营销中心（010）59367081 59367083
印 装／三河市龙林印务有限公司

规 格／开 本：787mm×1092mm 1/16
　　　　　印 张：12.75 字 数：166 千字
版 次／2020 年 4 月第 1 版 2020 年 4 月第 1 次印刷
书 号／ISBN 978－7－5201－6316－3
定 价／79.00 元

本书如有印装质量问题，请与读者服务中心（010－59367028）联系